「人間関係×哲学思考」

頭のモヤモヤを、32人の哲学者が答えていく

ひぐち まり

ぱる出版

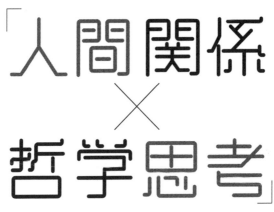

はじめに

人間関係は人生にどのくらい影響を与えるのか？

きっとあなたも、うすうす気がついているでしょう。

人間関係をどうにかしないことには、幸せは歩いてこないということを。

そして現代は「**人の悩みの9割は人間関係によるもの**」といわれています。あなたは今、人間関係でどのような悩みを抱えていますか？

例えば、パートナー（夫、妻）や、家族が自分勝手で、私のやりたいことを応援してくれない、上司が私の努力を正当に評価してくれない、部下が指示待ちで動かない、気が利かない、こちらの意図を理解しない、といったことで悩んでいる方もいるかもしれません。

もしそれが、パートナーがあなたのやりたいことを応援してくれるようになったり、上司があなたの成果を認めてくれて、予想外の昇給・昇進につながったり、部下が自分から提案し、自発的に動くようになったりしたら、あなたの人生にどのような変化が起きるでしょう。

あるいは、今の人間関係は最高というわけではないけれど、不満があるわけでもない、という方もいるかもしれません。「まぁ、人生こんなものかと思っている。余計なことをしてギクシャクするぐらいなら、このままで十分」だと。

もし、その関係が、応援し合い、心から感謝し合える関係になったら、あなたの人生の満足度や充実感はどう変わるでしょう。

多くの人が望む幸せも成功も、人との関わりを通じて生まれます。

ここで、人間関係が私たちの人生に、どのくらいの影響を与えるのかを考えてみましょう。

これについては、すでに多くの研究結果があります。

例えば、「幸せな人生の重大要素」について84年にわたり2000人以上を追跡調査した結果、幸せな人生の重大要素は「人間関係」であることが、ハーバード大学の研究でわかりました。

また、カーネギー工科大学が1万人の工場労働者に対して実施した調査結果では、仕事のスキルによる成功は全体の15%ほどに留まり、85%は性格的な要因、特に他人とうまく関わる能力によるものである、と結論づけられています。

運もチャンスも成功も空から降ってくるわけではありません。すべては人と人との間に起きています。誰と出会うか、どのような関係を作るか、その**人間関係の「質」が「人生の質」**を決めるといえるでしょう。

「人間関係×哲学思考」が示す新しい選択肢

ひどい肩こりで整体院へ行くと、整体師さんが肩をほぐしてくれます。その時はとても気持ちがよくて治った気でいたのに、一晩明けるとまた同じ肩こりの症状が出て一向によくならない。一方で、別の整体師さんは「肩こりがひどい」と言うと、頭のマッサージを始めました。「頭じゃないんです。肩が痛いんです」と訴えても頭のマッサージをやめません。ところが施術が終わったら、不思議なことに肩こりは治っている……。そんな経験はないでしょうか？

そう。肩こりの原因は、肩でなく目の疲れだったのです。この整体師さんは、本当の原因、本質を見抜いていたわけです。

本質がわからなければ、どんなに治療をしても痛みが解消することはありません。

これは、人間関係も同じです。本質が見えていなければ、人間関係の問題が解消することはないでしょう。その本質に取り組む力をくれるのが、本書のタイトルにもある「哲学思考」です。

哲学は、2500年に渡り「世界と人間の本質」を探究してきた学問であり、すべての学問の最上位概念です。

例えば、「宇宙はどうなっているのだろう?」という哲学の問いに天文学が答えを見出し、「人の心はどうなっているのだろう?」という哲学の問いに対して、心理学が答えを見出してきました。哲学が問いを立て、諸学問がその答えを見出し、人間は進化してきました。

ですから、哲学的視点から人間関係を見ることは、これまでよりも高い視点で人間関係の本質にアプローチすることであり、それによって、長年解消できなかった問題の糸口が見えてきます。

哲学思考から本質にアプローチすることで、これまでの人間関係の問題は「解決」ではなく「解消」します。その結果は仕事、収入、周りからの評価や応援、心の穏やかさなど、全方位に現れます。これこそが哲学のパワーです。

実際に、本書で提案したメソッドを実行した人たちは、次々と左記のような変化を起こしています。

・2年も口をきかず、離婚寸前だった夫と一緒に旅行に行くようになり、今は幸せな日々を送っている。
・自分を認めてくれない上司がいやで転職しようと思っていたが、上司との関係が激変。ビッグプロジェクトに抜擢され、異例の昇格・昇給を果たした。
・顔を見ればケンカになっていた両親との関係が変わり、まったくケンカをしなくなった。
・ぐずって手間をかけてばかりいた5歳の娘が、自分でお弁当を作ったり、「ママお仕事がんばってね」と手紙をくれたりして、応援してくれるようになった。
・中小企業のコンサルティングをしていたが、上場企業からコンサルの依頼を受けた。

人間関係を作るのは人間です。「なるほど、人間ってこうなのか」と本質が明らかになると、これまでとは違った新たな関係を築くことができるようになります。

もし、人間関係の質を向上させたい、今とは違う関係を築きたいと思うなら、本書を読み進め、**新しい視点と新しい選択肢**を手に入れてください。

エンパワメントライフとは「あなたが輝くことで周りを輝かせる人生」のこと

何を隠そう、人間関係で一番悩んでいたのは私かもしれません。小さい頃から人見知りで人間関係が苦手、小学校ではいじめに遭っていました。相談できる友達もなく、いつも独りでした。

そんな私が、自身の結婚式を機にブライダルプロデュースの会社を立ち上げたのは、1989年のことです。日本初のウエディングプランナーとして、23年間で1万組の結婚式をプロデュースしました。

当時は20～30代のスタッフ30名ほどと一緒に働いていましたが、相変わらず人間関係をうまく構築することができずにいました。

自分なりに努力や工夫をするものの、辞めるスタッフも多く、「なぜスタッフのためを思ってやっていることが裏目に出るんだろ

う」と、いつもそれが悩みのタネでした。

そんな私が哲学に出会い、本質をみる力を得たことで、あらゆる人間関係の問題が、霧が晴れるように解消していったのです。

哲学で得た新たな視点は、これまでの人間関係の問題を解消するだけでなく、ビジネスの拡大にも大きく影響しています。

よかれと思ってやったことが裏目に出て、相手を傷つけ、それで自分を責め、自分も傷ついていく……。これほど、残念なことはありません。

私と同じように人間関係に悩んでいる人のために、知の巨人たちの叡智をベースに世界と人間の本質にアプローチし、人生のステージを上げる方法をまとめたのが、エンパワメントライフのメソッドです。

エンパワメントライフが可能にすることは、**才能を活かし、愛され、幸せに成功する。**

そして、あなたが輝くことで周りを輝かせる人生です。

「エンパワメント」とは人間の可能の探究です。力づけ、勇気づけによって、あなたの中にすでにあるけれど、まだ発揮されていない才能や可能を開花させ、より人間力を発揮させることができます。

あなたが成功すればするほど周りも成功し、あなたが幸せになればなるほど、周りも幸せになる関係が生まれます。

それを叶えるヒントとなることを願って、ここに本書をお届けします。

さぁ、**新しい人間関係の創作**を始めましょう!

賢者はチャンスを見出すのでなく、作り出す。

フランシス・ベーコン

「人間関係×哲学思考」頭のモヤモヤを、32人の哲学者が答えていく ◇ 目次

CONTENTS

第4章　勝ち負けの競争から活かし合う共創の関係へ

第5章 関係を破綻させるディスエンパワメント

企画協力◇吉田　浩（天才工場）
編集協力◇青木より子
哲学者イラスト◇飯嶌玲子

第１章

あなたの人間関係が好転しない本当の理由

なぜ人間関係の悩みは尽きないのか？

世の中には人間関係のノウハウが溢れています。チャットGPTに「人間関係をよくするベスト5」をたずねてみたところ、以下のようなアドバイスが出てきました。

❶傾聴すること　相手の話を注意深く聞き、理解しようとする姿勢は非常に重要です。

❷感謝を伝えること　感謝を示すことで相手に価値を感じてもらえ、ポジティブな関係が築かれます。

❸誠実であること　約束を守る、遅刻をしないなど、自分の言動に責任を持ちましょう。

❹ポジティブな態度を保つこと　明るくポジティブな態度は、人との関係を良好に保つのに役立ちます。

❺柔軟であること　自分の考えに固執しすぎず、異なる視点を受け入れる柔軟性が重要です。

……確かに、いずれも試してみれば効き目はありそうです。

一口に人間関係の悩みといっても、多くの人が、それぞれの立場で、さまざまな悩みを抱えています。例えば次のようなものです。


「あの人にこんなに気を遣っているのに、逆にこじれていくばかり……」

「なぜ私ばかりが相手に譲って合わせないといけないんだろう」

「言いたいことが言えなくて、ストレスがたまって嫌になる」

「上司になかなか理解してもらえない。適切な評価も受けられず、自分の能力を発揮できない」

「仕事では成果を出して人間関係もうまくいってるけれど、なぜか家族（パートナー）との関係がうまくいかない。くだらないことで、すぐにケンカになってしまう」


これらを何とか改善したいと、前述のようなノウハウを実践している人も多いでしょう。

それにもかかわらず、人間関係の悩みが尽きることがないのは、どうしてなのでしょうか。


それは、「**本質に取り組んでいない**」からです。

本質に取り組まなければ、何をやっても、得たい結果を手に入れることはできません。

時代が変われば、取り組むべきものも変わります。特に、大きな時代の転換期の今、これまではうまくいっていた「やり方」では対応しきれなくなっています。

例えばツールに関していえば、今の時代に家に黒電話しかなく、スマートフォンを持っていないとしたら、多くのチャンスを逃してしまうことは言うまでもないでしょう。視点も同じです。視点が古いままだと、欲しい結果を手に入れることはできません。

では、今の時代に取り組むべきことは、何なのでしょうか？　時代背景を見ることで、それを知ることができます。

私たちの社会の構造はどうなっているのか

もっと自分の能力を発揮したい、活躍したい、結果を出したいと望む人たちが手にする書籍や学びの多くに、コーチング、自己啓発、目標達成の手法などがあります。これらは１９８０年代後半から１９９０年代にかけて、欧米から日本にもたらされました。

１９８０年代の日本はバブル経済の真っ只中にあり、多くの人々が経済的な豊かさに浮かれていました。しかし、１９８９年にバブルが崩壊すると、多くの企業でリストラが行われ、終身雇用制度は崩壊。１９９０年代初頭から中盤にかけて、土地神話が崩れ、経済的にも社会心理的にも、個人の生き方について混迷を深めていた時代です。

当時、私は地域開発をする建築企画会社で役員をしており、バブル崩壊によりまさに「天国から地獄」を味わいました。金融機関の社長が解任されるなど、これまでには考えられなかったことが日常茶飯事となりました。もはや、自分を守ってくれるものはなく、自分で何とかしなければならない現実を目の当たりにしました。

この時代に人々の心を掴んだのが、自己実現やポジティブ思考、効率的な仕事術などの「個人の能力発揮」の手法です。

例えば「ネガティブなことを考えると、その通りになるから、ポジティブでなければいけない」とか、「恐れがあると行動ができないから、恐れの気持ちを処理しよう」とか、「うまくいかない原因を過去にさぐり、解決しよう」などです。私も、これらの方法をさんざん学んできました。

しかし、哲学に出会い、これらの学びでは、限界があることを知ったのです。

なぜなら、これらの大元は、個人の幸せを探究する「実存主義」と呼ばれる哲学であり、哲学の世界では、新たに現れた「構造主義」によって、70年以上前に封殺されていたからです。

１９５０年代から影響力を増していった「構造主義」哲学は、「人間がどう考えるかは、その人が生きる**社会の構造によって無意識のうちに規定されている**」と主張しました。

つまり、人間は、自由に考えているわけではなく、所属する社会の構造の中で考えているに過ぎないということです。

私たちの思考や行動を規定する常識は、社会の構造によって生み出されています。「構造が人間を規定する」とはどういうことなのか、具体例をお話しします。

1980年代、私は「ハンガープロジェクト」という「地球から飢えで死んでいく子供をなくす」ことを理念にしたボランディア団体に深く関わっていました。本部はニューヨークにあります。その団体でリーダーシップをとっていたのは7割が女性で、夫やパートナーは彼女たちをサポートしていました。パーティでは男性が女性をエスコートし、レディファーストが常識でした。

ですが、当時の日本は、まだ家庭においては男性が外で稼ぎ、女性は家を守るという役割が一般的で、女性が大勢の前に立って何かをすると、「女だてらに」と眉をひそめられた時代です。私の常識がガラガラと崩れ落ちた瞬間でした。

日本の常識は、世界の非常識だったのです。

理想の関係を築く鍵はメタ認知力

私たちを規定している構造に気づき、俯瞰することができると、その構造に縛られない自由さが生まれます。では、どうすれば私たちを規定している構造に気づくことができるのでしょうか。

皆さんは、「メタ認知力」という言葉を聞いたことがありますか？

メタ認知力とは、個人の考えや思い込み、常識にとらわれず、自分や物事を俯瞰して見る力です。メタ認知力があることで、社会の構造を見抜き、感情や出来事、常識に縛られることなく、客観的に物事をとらえることができるようになります。それにより、思考に自由さが生まれ、これまでの**枠にとらわれない発想や、新たな視点で価値提供**ができるようになるのです。

これは、人間関係においても同じです。

理想の人間関係を築くには、これまでの常識や関係にとらわれることなく、新しい関係を築くことが大切です。そのためには個人の内面を見るだけでなく、俯瞰し、「私たちをコントロールしているものは何なのか？」を客観視することが必要です。

それができることで、思考が自由になり、これまでにはなかった人間関係へのアプローチが可能となり、新たな関係を作り出すことができます。

職場ならば、お互いに理解し合い、尊重し合い、お互いを高めながら一緒に仕事をする。

家庭ならば、家の中に笑顔が溢れ、一緒にいると幸せになる。元気になる。

友達ならば、困った時にはいつでも力になってくれて、励ましてくれる。応援してくれる。

そんな関係に囲まれていたら、やる気も高まりますし、新たなことにチャレンジができそうな気がしませんか？

次からは、理想の人間関係が築けない原因を知るために、私たちの思考をコントロールしているものの代表的な例を見ていきましょう。

哲学とは概念を創造することである。

ジル・ドゥルーズ

人生を台無しにする「ガッカリ予防線」

おそらく快楽は、
苦痛の半分の印象もわれわれに与えない。
ジェレミ・ベンサム

人間の記憶は**失敗の記憶**の積み重ねです。それは、再び失うことや拒絶されること、傷つくことを避けようとする人間の本能です。ですから楽しい記憶よりも、辛い記憶のほうが鮮明に残るといわれています。

実際に皆さんも、楽しかった思い出や嬉しかった出来事よりも、信頼していた人から裏切られたなど、辛く、傷ついた経験のほうが強く記憶に残っているのではないでしょうか。

失うことや拒絶されること、傷つくことを避けようとするのは、個人の問題ではなく人間の問題です。快を求め、不快を避けようとするのが人間です。そのため、多くの人は、後からガッカリするぐらいなら、先にガッカリすることで傷つくことを避けようとします。

これを、私は「**ガッカリ予防線**」と呼んでいます。

私自身も哲学に出会うまでは、常にガッカリ予防線を引いていました。

子どもの頃から人間関係がとても苦手だった私は、周りの人たちに対して「今うまくいっても、きっとまたうまくいかなくなる」「拒絶されて傷つくのはもういやだから、このままの関係でいいや」と心を閉ざしていました。

そんな私は、夫と結婚式を挙げても、ある大事なことだけは避けていました。

このガッカリ予防線のせいで……！

小学4年生のある日、人見知りで口下手で、友達が1人もいなかった私は、学校からの帰り道にふと思ったのです。

「友達もできないんだから、恋人なんてできるはずもないし、結婚は無理だ」

「ああ、私は独りで生きていくんだ」と10歳で悟っていました。

学校を卒業して、私が最初の就職先に選んだのは外資系の銀行でした。1979年当時、日本の企業では「女性の25歳定年（退職）」は暗黙の了解でした。会社は女性に戦力など求めておらず、求めていたのは男性社員の「お嫁さん候補」です。結婚したら女性は会社を辞めて家庭に入るのが一般的でした。26歳を過ぎても会社にいる女性を「売れ残りのクリスマスケーキ」と呼んでいた時代です。でも、私は結婚しないのですから25歳で辞めるわけにはいきません。外資系の会社なら、キャリアを積んだらずっと働けると聞いていたので、一生独りで生きていく覚悟をして外資系の企業に就職したのです。

ところが、そんな私が結婚をすることになりました。しかも、自身の結婚式を自分でプロデュースしたのですが、それでも私の脳裏には「今うまくいっても、きっとまたうまくいかなくなる」という考えがありました。

「この結婚は3年ももたないだろう」と思っていた私は、のらりくらりと理由をつけて、籍を入れなかったのです。

別れるのが決まっているのに（と私は思っていました）籍を入れる必要はない。籍まで入れて離婚するのは辛くて耐えられないけど、籍を入れていなければ、「ほらね、続かないと思ってたのよ」と言えばいい。当時の私は、こんな考え方をしていました。

結局、籍を入れたのは式を挙げてから7年後。今年で結婚35周年を迎えます。夫の忍耐強さには感謝しかありません。

このガッカリ予防線は、私だけでなく、多くの人が引いているのではないでしょうか。

例えば、傷つかないために心を閉ざしてしまう。頼んだ時にいやな顔をされたくないから最初から頼まない。失敗するのはいやだから最初から行動しない。断られると傷つくから誘わない。

これらはすべてガッカリ予防線です。そして大概、ほとんどの人は無意識にガッカリ予防線を引いています。

ガッカリ予防線を引いて親密な関係を避けるのは、最初から豊かな人間関係を放棄しているのと同じです。どこかで「幸せに満ちた人間関係なんて理想論で、そんなの手に入るはずはない」と無意識に諦めてしまっているのかもしれません。

そんな方に、ここで一つ、提案があります。

そうやって行動の幅を狭めてしまう代わりに、**「ガッカリしても大丈夫」という自分を**

育てるのはどうでしょうか？

何か新しいチャレンジをする時、失敗の可能性が0％のことを「チャレンジ」と呼ぶでしょうか？　チャレンジをするということは、失敗の可能性も引き受けるということです。

多くの人が言っている失敗とは、「想定外」のことを指していると思います。それなら、失敗を「想定内」にしておくことです。想定内にしておけば、うまくいかなかった時、いやな気分になったとしても、冷静に受け止めることができます。

チャレンジをしない人は、失敗することもできません。失敗するということは、チャレンジしている証拠であり、勲章です。何かをお願いして断られたら、ガッカリするのは当たり前。断られた自分も、ガッカリする自分も責める必要はありません。

思ったような成果が得られなかったり、うまくいかなかったりした時は、「チャレンジしている私、すごいね。次はどうする？」と自分を力づけ、褒めて、励ましてあげてください。

第3章で紹介する「**セルフエンパワメント力**」を鍛えることで、相手に何を言われようが、受け入れられる自分を育てることができます。まずはあなたが相手に尋ねなければ、「イエス」なのか「ノー」なのか、その答えをもらうこともできません。ガッカリ予防線を張っていたら、いつまでも相手との距離は離れたまま。もしかしたら「イエス」がもらえるかもしれないチャンスも逃してしまいます。

チャレンジしたことで、新しい人間関係を手にした友子さん(仮名)の例をご紹介します。

友子さんは、「もっと大きな仕事がしたい」といつも思っていました。ところが、いざ上司から「今度のプレゼンをやってみないか」と声をかけられると、「私にはまだ無理です」と断ってしまうことが続いていました。

そんな友子さんに、エンパワメントトライフプログラムを実践する中で、プレゼンのチャンスが訪れました。自ら立候補して「そのプレゼン、私にやらせてください」と上司に伝え、プレゼンにチャレンジした結果、大成功。海外を拠点とするプロジェクトのリーダーに抜擢され、念願だった海外赴任を果たしたのです。

「プレゼンを断っていた時は、自分にはまだ早いし、力不足だと思っていました。それは嘘ではなかったのですが、上司は私にできると思って、チャンスを与えてくれていたんですよね。今から思えば、失敗したら恥ずかしい。情けないし、カッコ悪いし、下手にチャレンジして失敗して評価を落とすぐらいならチャレンジしないほうがましと、自分が傷つくことから逃げて、ガッカリ予防線を引いていたんだな、とわかります」と友子さんは話してくれました。

ガッカリ予防線は、不快を避けようとする本能で、無意識に引いてしまうものです。無意識ということは、本人は予防線を引いていることに気づきません。つまり、知らず知らずのうちに自分の人生を制限してしまっているのです。

人間は、認知しないものは扱えません。ガッカリ予防線から自由になる第一歩は、「自分はガッカリ予防線を引いているかもしれない」と**気づくこと**です。そこから、新しい人間関係が可能になります。

「真実がある」という勘違いが人間関係をこじれさせる

この世界に真実はない、あるのは解釈だけだ。
フリードリヒ・ニーチェ

「この世界に真実はない、あるのは解釈だけだ」

私が哲学に出会って最初に衝撃を受けたのが、ニーチェのこの言葉でした。天地がひっくり返るかと思うほどの驚きでした。なぜなら、私はずっと、世界には真実があると思っていましたし、真実が何かを知りたくて哲学を学び始めたのですから。

そして、哲学を学ぶうちに、ニーチェの言葉こそが、そもそも人間関係がうまくいかない理由であることに気づきました。「この世界には真実がある！」という私たちの勘違いが、**起こす必要のない人間関係の問題を起こし、こじらせている大元**なのです。

「昨日、上司に〇〇と言われた」とか、「あの人って、〇〇なところがあるよね」とか、普段、当たり前のようにしている会話は真実であると、本人は疑わないでしょう。でも、ニーチェによれば、これは真実ではなく解釈でしかないのです。同じような趣旨のことが、他の哲学者によっても語られています。

唯一の絶対的真実は、真実などないということだ。

ポール・ファイヤーベント

私たちの世界は「不正確」こそ「正確」である。

ルートヴィヒ・ウィトゲンシュタイン

確かに、同じ場面に遭遇しても、それをどうとらえるかは人によって違います。

私がウエディングの仕事をしていた時のことです。

お世話になっている取引先の社長さんから、お嬢様が結婚するというので相談を受けました。私が新郎新婦にお会いしてお話を伺ったところ、「みんなが動き回って交流できる楽しい結婚式にしたい」という、これまで受けたことがないご要望でした。友人たちは立食で、年配の親族は着席にしたい。そこで、私は2人のスタッフに、このお客様を担当してもらえるかどうか打診しました。すると、Aさんは「わぁ、楽しそうなお客様ですね!」と言い、Bさんは「なんだか面倒そうなお客様ですね」と言いました。同じことを説明して伝えたのに、2人の反応は真逆でした。

では、このお客様は実際のところ「楽しそうなお客様」なのでしょうか? それとも「面倒そうなお客様」なのでしょうか? Aさんにとっては「楽しそうなお客様」が真実であり、Bさんにとっては「面倒そうなお客様」が真実でしょう。

なぜこのようなことが起こるのでしょうか。もし、この世界に真実があるとしたら、AさんもBさんも同じ反応をしないとおかしいですよね。ですが、真実はなくて解釈しかないとしたら、AさんとBさんの言っていることが異なっていても納得のいく話です。

私はこの結婚式をAさんに任せました。

多くの人は、出来事が人生を決めると思っています。よいことが起きると人生はよくなるし、悪いことが起きると人生は悪くなると。しかし、私がAさんとBさんにした話は同じ話で、私から仕事を依頼されたか、されなかったかを決めたのは、それぞれの解釈です。

その後も、大事なお客様はAさんにお願いをすることが増えました。つまり、人生を決めているのは、出来事ではなく、その人の解釈だということです。

後日、Bさんに「あなたは面倒そうなお客様と言っていたけれど、Aさんは楽しそうなお客様って言っていたわよ」と伝えたところ、ものすごい勢いで反論されました。Bさんにとって、このお客様は「面倒そうなお客様」が真実ですから、自分の考えと違う意見は、自分に対する否定に聞こえたのでしょう。

「この世界に真実がある」という勘違いをしていると、自分と相手の意見が違うということは、どちらかが正しくて、どちらかが間違っていることになります。双方が「私が正しい、相手が間違っている」と考えると、相手を正そうとしたり、説得したり、反発したりすることになります。お互い自分が正しいと思っていますから、どちらも折れません。それが対立になったり、もう理解し合えないといった諦めになったりするのです。

なぜ、人間は、ただの解釈でしかないものを、絶対的で客観的な真実だと思ってしまうのでしょうか。これも、快を求め、不快を避ける人間の性といえます。

正しい答えがわからない、真実がないというのは、不安定であり、不快な状態です。「これが正しい」「真実だ」という固定点を得ることで、自分は大丈夫と思え、安定した状態を得ることができます。

加えてこれまでの教育は「正しい答えがあり、それを知っている人間が優秀」という構造の中で行われてきました。そうやって刷り込まれた「この世に真実はある。私が正しい」という勘違いこそが、人間関係がこじれる理由なのです。

本書を読み進める時、「これまで真実だと思っていたことは、真実ではなく、解釈でしかないのかもしれない」という新しい眼鏡をかけて読んでみてください。そうすると、思考の枠が広がり、これまでとは違う風景が見えるかもしれません。

知識を理解しただけでは、変化は起きません。実際に「自分はどうだろうか?」と自分事にしてみた時に、知識は智恵になっていきます。

「真実などない」という新しい視点から社会を見ることができたら、そこに新しい可能性が生まれます。多くの問題は解消しますし、そもそも問題を作り出すことをしなくなります。

では、私たちは一体どうやって解釈を決めているのでしょうか？
次のパートで見ていきましょう。

解釈の違いは人生経験から生まれる。

ルートヴィヒ・ウィトゲンシュタイン

エゴイズムが人間をコントロールしている

人間の本性はエゴイズムである。

フリードリヒ・ニーチェ

人間は心も身体も自らの快楽の充足を目指す「欲望機械」にすぎない。

ジル・ドゥルーズ

ニーチェが言うように、「この世界には真実がなく、あるのは解釈だけだ」としたら、その解釈を決めているのは誰でしょうか？　間違いなく自分自身です。頭の右のこめかみから左のこめかみまでの、わずか15センチの間（脳）ですべてが決まります。

人は、出来事を五感によって受け取り、各自の経験や体験、知識のフィルターを通して「こういうことが起きている」と解釈し、記憶として脳に蓄積していきます。その記憶は、自分の解釈でしかないのに「妄想現実」を強化していきます。そして、それが、その人にとっての真実になるのです。

しかし、本来、出来事に色はついていません。**色をつけているのは自分自身**です。

では、私たちにその解釈を選ばせているものは何なのでしょうか？

ニーチェは、人間の本性はエゴイズムだとし、そのエゴイズムの源泉となるエネルギーが「力への意志」だとしました。「力への意志」とは、他者よりも優位にありたい、他者から認められたいという思いです。プライドとか優越感と言い換えてもいいでしょう。

自分が色づけた解釈によって欲望が満たされるので、それを自分にとっての「真実」にするのです。

不思議なことに、解釈は、自分にとって都合のいい場合もありますし、都合が悪い（客観的にみてそんな解釈をしないほうがいいのに）という場合もあります。

例えば、上司から会議で「もっとしっかりやれ」と言われ、それを「頑張っているのに認めてくれないし、理解してくれない。上司は私のことを嫌っているんだ」と解釈したとします。この解釈のベースになっているのは、「正しいのは自分で、間違っているのは上司だ」という考えです。この時、同僚が「上司はあなたのことを本当に期待してるんだね。この間も、頑張っているって褒めてたよ」と言ったとしても、きっと「そんなことがあるはずない。この間もこう言われたし、あんなこともあったし」と反論し、自分が正しいことを主張するはずです。

「上司が応援してくれている」と解釈したほうが関係はうまくいきますし、チャンスも増えるはずです。なのに、「上司は私を理解しない」という解釈に執着するのは、なぜでしょうか？

人間にとって「自分が間違っていた」ことを認めることは不快です。そうならないためには「自分は正しい」という証明が必要です。自分と違う意見をもつ人を、言い負かしたり、拒絶したり、マウントを取ったりすることで、自分の正しさを証明しようとします。自分のプライドを守るために。

人間のエゴイズムは、**愛情に満ちた関係を失ってでも**、自分の正しさを証明しなければ、と無意識に私たちをコントロールします。世の中にまったく自分と同じ考えの人がいるはずがありませんから、周りとの関係にストレスが生まれるのは当然といえるでしょう。

「世界に真実はない。自分の意見も単なる解釈にすぎない」と考えれば、自分と違う意見の人がいても、「この人はそういう解釈なんだ」「それもありかもね」と感情的にならずに受け止めることができるようになります。そうすることで、寛容さが生まれます。

意見の違いを、正しいか間違っているかでなく、「解釈の違い」ととらえることができたら、対立以外の関係が作れるのではないでしょうか。

人は、自分と似た考え方の人といるほうが楽しいですし、わかり合えていると思うものです。そういう人たちが集まる環境は居心地がいいでしょう。しかし、そこから新しい可能性は生まれません。新しい可能性は、異質のものが組み合わさる時、つまり、違う考え方の人とのやりとりの中で生まれます。


ここまで話してきたガッカリ予防線や、解釈を真実だと思う勘違いは、人間が無意識にやりがちなことです。

もし「ああ、私もやっているかも……」と思った時に、そんな自分を責めて、否定して、個人の問題にすりかえてしまうと、問題は迷宮入りします。

大切なことは、「ああ、やっているな」と気づき、自分をハッピーにする選択をし、その選択に責任をとることです。そのためには、自分の考えに固執せず、俯瞰することが必要です。知の巨人たちの肩に乗って、ちょっと遠くの景色を眺めるように「ふーん、人間って、そうなんだ」と俯瞰してみましょう。そこに、思考の自由さが生まれます。とはいえ、解釈を変えればいいという話ではありません。すでに起こった問題の解釈を変えたとしても、問題は起こり続けます。

問題を解消するためには、その解釈を生み出している本質を見る必要があります。このことについては、具体的に第2章でお話しします。

自分が正しいと思い込んでいる人はなまけものだ。

ルートヴィヒ・ウィトゲンシュタイン

人間関係は自分と他人との関係だけではない

人間関係は私たちの社会的存在の基盤である。

カール・マルクス

① **自分との関係**（すべての関係の土台）

② **人との関係**（自分の状態に大きな影響を与える）

③ **社会との関係**（ビジネスの成果や成功を生み出す）

次に、人間関係を好転させるために、何が必要かを見ていきましょう。

人間関係の問題を解決しようとする時には、相手に対してどう対処するかを考えるのではないでしょうか？　残念ながら、それではいつまでも人間関係の問題は解消しません。なぜなら人間関係は、「自分と他の誰か」との関係だけではないからです。

自分と他の誰かとの関係に取り組む前に、解決すべき関係があります。

物事は、順番が非常に大事です。同じことをやっても、順番を間違えると望む結果は手に入りません。例えば車を運転する時には、「ガソリンを入れる→エンジンをかける→サイドブレーキを下ろす→アクセルを踏む」という順番があります。ガソリンを入れずにエンジンをかけても車は動きません。人間関係も同じです。

人間関係には大きくわけて、３つの関係があります。

1つは「自分との関係」です。2つには「人との関係」。そして3つには「社会との関係」です。

さて、3つの中で最も重要な関係は、どれだと思いますか？

それは1つ目の自分との関係です。自分を認め、自分を信頼し、**自分との良好な関係**ができて初めて、人ともよい関係を作ることができますし、社会での成功も望めるのです。ところが多くの人は、1と2を飛ばして、いきなりビジネスでの成功を目指そうとします。なぜなら社会で結果を出せば、周りから認められ、自信がつき、幸せになれる、と思っているからです。

実は、過去の私はそう思っていました。結果を出せば、自信のなさは払拭され、人ともうまくやっていけるだろうと。ですから、必死に結果を出し続けました。そして、日本で初めてのウエディングプランナーとして1万組以上の結婚式をサポートし、ブライダル業界に新しい流れを作ったことからレジェンドと呼ばれるまでになりました。

周りからは「すごいですね」と言われましたが、それらの結果は、決して私に自信も満足も与えてはくれませんでした。結果を出しても常に不安で、いつもイライラ、ピリピリしていて人との関係はうまくいかず、当時の部下は、陰で私のことを「鉄仮面」と呼んでいました。自分の感情を押し殺して、いつも唇をかみしめて険しい顔をしていたからです。

哲学を学んでからわかったことですが、うまくいかなかったのは、「自分との関係」をおろそかにしてきたからです。

どんなに結果を出しても、「こんな自分じゃダメだ」と自分を否定し、自分が自分を好きになれなかったり、他の誰かになろうとしていたりしては、自分との関係がよいとはいえません。自分との関係がよくない状態では、人との関係も社会との関係もうまくいくはずがないのです。

それでは、3つの関係を具体的にみていきましょう。

①自分との関係

自分との関係は、すべての土台になります。この土台が整っているかどうかで、人との関係、社会との関係の質が決まります。人間関係のノウハウが役に立つのは、自分との関係が整った後ですから、自分との関係を飛ばして人との関係、社会との関係に取り組んでも、うまくいきません。「他人は自分を写す鏡」と言われる通り、自分との関係が人や社会との関係に反映するからです。

心理学の巨人といわれるアルフレッド・アドラーは、「人が自己に対してもつ感情が、他人の態度に反映される」と述べています。つまり、自分に対して自己否定的な感情をもつ人は、他人に対しても批判的で否定的な態度を取る傾向があるということです。

自分の悪いところ、うまくいかないところを直せばよくなると思っていると、ついつい自分の悪いところばかり見て「あれができない」「これもできない」とダメ出しをしがちです。**自分にダメ出しをする人は、他人に対してもダメ出し**をするようになります。

他人に対するダメ出しは、決して相手を傷つけたいわけではなく、相手のためを思えばこそなのでしょう。でも、ダメ出しや否定ばかりされたら、そんな人とは良好な関係を築けないですよね。これでは傾聴したり、笑顔でうなずいたりと、どんなに人間関係を良好にするためのノウハウを駆使しても、関係はよくならないでしょう。

飛行機に乗ると、緊急事態の対応についてのアナウンスがあります。緊急事態で酸素マスクが降りてきた時、お母さんと子ども、どちらが先に酸素マスクをつけるように指示が出るでしょうか。きっとお母さんは、子どもに先につけてやりたいと思うでしょう。でも、最初にマスクをつけるのは、お母さんです。子どもを助けたいなら、お母さんがまず動ける状態である必要があります。

そう、まず自分をよい状態にすること。それは、相手をないがしろにするということで

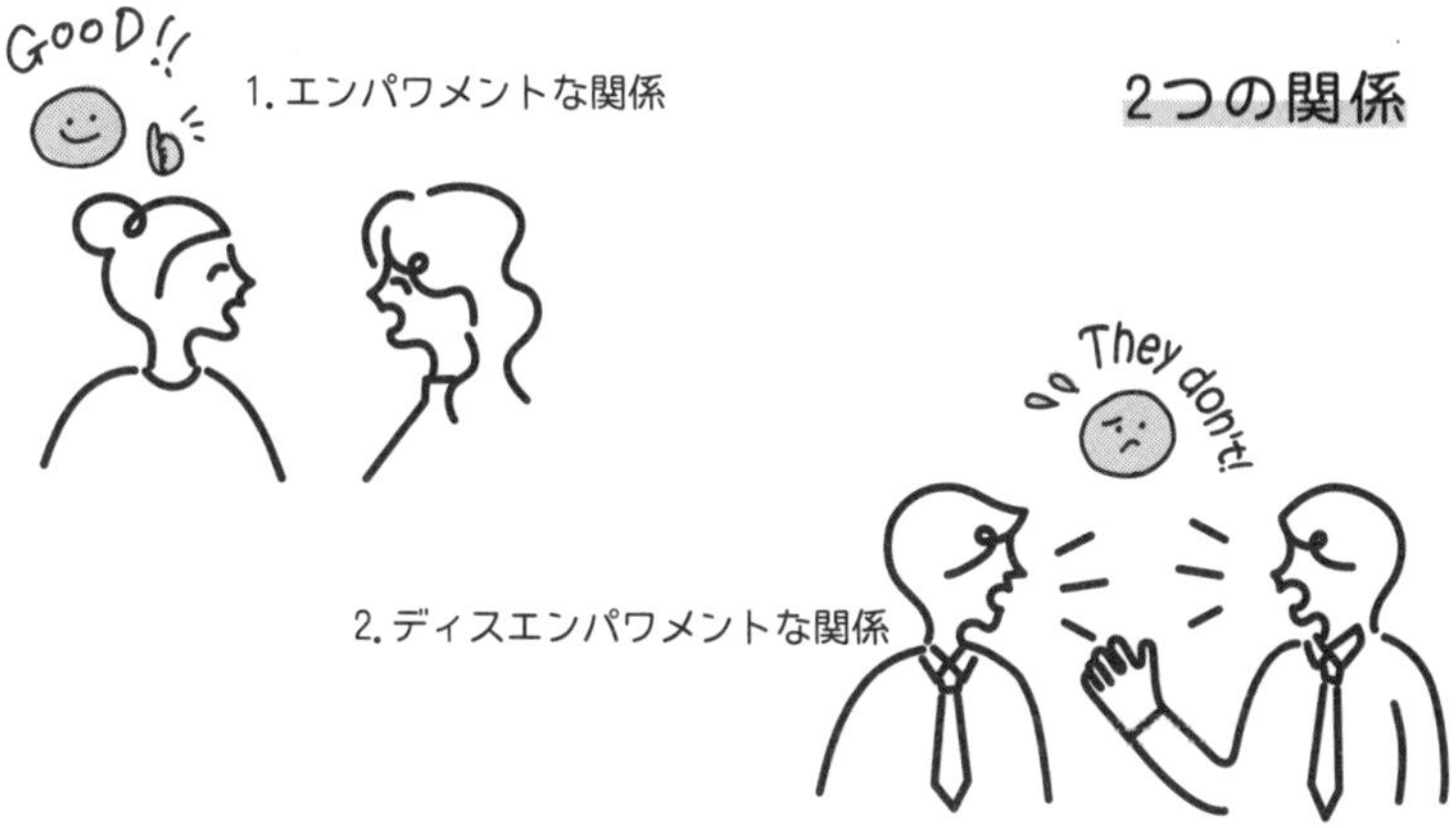

はなく、まず、自分がよい状態でなければ誰かの役に立つことはできないということです。自分がよい状態にいて、初めて周りとエンパワメントな関係を築くことができるのです。

　ですから、まず取り組むべきは自分との関係です。自分をよい状態にし、自分とよい関係を築くカギとなるのが「セルフエンパワメント力」です。これについては、第3章で詳しく述べます。

②人との関係

　人との関係がうまくいっているかどうかは、自分の状態に大きな影響を与えます。特に、家族、上司、部下など、身近な人との関係が大きく影響します。

　自分との関係が整うと、人との関係にも反映されますので、人との関係にも変化が起きます。さまざまな人間関係をよくするためのノウハウが役に立つのは、この段階です。

想像してみてください。43ページのイラストのような2つの関係があるとします。

1つはエンパワメントし合う関係です。エンパワメントし合う関係とは、お互いを力づけ、勇気づけ、応援し合い、才能を認め合い、活かし合う関係です。そこには、相手への感謝や尊敬の念、喜びがあります。

もう一方は、ディスエンパワメントな関係。自分の正しさを主張し、自分と意見が違う相手を説得したり論破したり、文句を言ったりして否定し合う関係です。

家庭にしろ、職場にしろ、どちらの人間関係があなたの自信ややる気を高めるでしょうか。どちらがあなたの才能を発揮することができるでしょうか。言うまでもなく、それはエンパワメントな関係のほうであるはずです。

人との関係を考える時、「楽な関係」と「新たな可能性が生まれる関係」は別だということも知っておいてください。自分と意見や考え方の合う人と合わない人、どちらのほうが楽か、そして、新たな可能性が生まれるのはどちらかを考えてみましょう。

自分と合う人とだけ付き合えば、波風も立ちませんし、不愉快な思いをすることもなく、快適に過ごせるでしょう。しかし、そこに安住していてはあなたの世界はどんどん狭くなっていきますし、そこからは新しいものは生まれません。

今の時代に求められる人は、異なる価値観の人と意見を交わしながら新しい価値を生み出せる柔軟な人です。その時に、違う意見の人と対立していたら、あちらこちらで小さな対立が起き、ストレスはたまるばかりです。**違いがあるからこそ未知の可能性が生まれる**のです。

意見が違う人、考えが違う人と対立が起こるのは、誰もが「自分は正しい」と思っているからです。29ページでも述べたように、「この世界に真実はない。あるのは解釈だけだ」と意識を変えることができれば、対立が起こることもなく、いろいろな人の考え方を受け入れられるようになります。自分と違う考えは、その人の解釈であり、自分を否定するものではないと理解すれば、傷つくことも、苛立つこともありません。逆に、相手の考えに興味をもつことで、思考の枠は広がり、これまでにはないアイデアが浮かぶこともあるでしょう。

ところが人間は無意識でいると、意見や考え方が違う人に対しては、自分を否定する人だととらえがちです。そうなると、自分を守るために自分の正当性を主張し、相手より優位に立とうとするため、ディスエンパワメントな関係を作ります。

意見が違う人、考えが違う人との関係を活かすために有効な方法は、人間の思考パターンの見取り図をもつことです。誰もが、自分と人が違うことは知っています。でも、それがどう違うかがわからなければ、手の打ちようがありません。そんな時に、思考パターンの見取り図があれば、意見が合わない時に「自分とこの人は違う」というぼやっとした理解だけでなく、「どう違うのか」がハッキリとわかります。そうすれば、具体的な対応策を立てることができます。

そこで私は、人間の思考パターンを知るためのツールとして「哲学者占い」を開発しました。これは、人間の思考パターンを現代哲学の哲学者に当てはめ、12分類したものです（哲学者占い® https://uranai.empowerment-life.com/ 生年月日を入力すれば、自分がどの思考パターンに当てはまるかがわかります。QRコードから占ってください）。

自分と関わりのある人たちが、12分類のどれに属するかを知ることで、関係性を俯瞰して客観的に見ることができ、お互いを活かし合うための大きなヒントになるでしょう。

自分と思考パターンが違う人は、いってみれば、自分の不得意を得意とする人です。これまでは対立の原因にしかならなかったお互いの違いが、

「この人は私にできない能力をもっている」「私とは違う発想ができる人なんだ」と知ることで、**対立していた人が〝自分の苦手をサポートしてくれる人〟に変わる**のです。意見が合わず、避けていた人が、新しい価値を生み出すパートナーになるかもしれません。

つまり、人間関係の解像度を上げることで、ディスエンパワメントな関係からエンパワメントな関係に変えていくことができるのです。

12分類の思考パターンについては、第４章で詳しくお話しします。

新しい可能性をつかむには、自分がどういう関係を作るのかを「意図的」に決めることが必要です。無意識でいると人間は「反応」し、感情的になります。感情に流されていては、良好な関係を築くことはできません。

意図的であるためには、出来事に反応するのでなく、俯瞰して見ることが必要です。哲学思考がそれを可能にします。

哲学には、これまでの固定観念を一新し、新しい世界感を作るパワーがあります。人々が当たり前として考えもしなかったことを疑い、新しい視点を私たちに与えてくれます。

エンパワメントライフプログラムに参加をした方の中には、パートナーとの関係や家族との関係が劇的に変わる人たちがいます。そして、パートナーや家族の関係が良好になった方たちは、必ずといっていいほど仕事で売り上げが倍増したり、予想外の昇格・昇進をしたりします。

身近な関係に無駄にエネルギーを使うことがなくなれば、自然と仕事に集中できるようになり、パフォーマンスが上がります。「人との関係」の中でも、特に身近な人との関係の質は、思っている以上に重要なのです。

生きることは、他者との対話によって学ぶことである。

ソクラテス

③社会との関係

自分との関係と、人との関係が好転すれば、おのずと社会との関係も好転していきます。社会とのよい関係は、ビジネスの成果や成功を生み出します。

運もチャンスも成功も、人との関係の中に生まれます。社会の中で結果を出していくためには、さまざまな場面で人との関わりが必要です。どんなに優秀な人でも、自分の才能だけで成功する人はいません。人の役に立ち、価値を提供し、得たい結果を得るためには、まず自分の才能や価値を明確にし、それらをどう活かしていくかを考え、トライ&エラーを繰り返すことが必要です。

才能や価値を活かすには、自分視点だけで見るのでなく、俯瞰して客観的に相手にとっての自分の価値を認識し、それをどう役に立てていくかを見る必要があります。「自分が何をやりたいのか」だけでなく、「社会にどんな貢献をしたいのか」「未来に何を残したいのか」という視点の高さがあると、**つながる人が変わります。**

人生のスピードを加速させたり、これまでにないビッグチャンスを引き寄せたりするための一番の方法は、すでに成功している人と同じ土俵で仕事ができる存在になることです。あなたの幸せや成功において、誰とつながるか、そしてその人とどういう関係を作るかは、非常に重要なポイントとなります。

ところが、中には自分との関係がうまくいってない人でも、ビジネスで結果を叩き出す人がいることも事実です。自分との関係が悪くても、仕事で結果を出すことはできます。そのため、自分との関係の重要性に気づけないまま、ノウハウや知識をつめこみ続け、空回りしてしまう人がいるのです。私がまさにその一人でした。

ブライダルの仕事を始めた時、それまでになかった新しいスタイルを提案した私は、業界では異端でした。ですから業界からずいぶんと叩かれました。ドレスショップが衣装を貸してくれないなどの嫌がらせもされましたので、当時のブライダル業界は私にとって敵だらけでした。理不尽さに憤り、相手を恨み、怒りをばねに「見返してやる！」と奮起して、1万組の結婚式をプロデュースするという結果を作りました。

周りからは認められましたが、否定と怒りの中で作った結果は、私を幸せにすることはありませんでした。虚しさばかりがつのっていき、いつもピリピリして、笑顔もなく、ちっとも幸せではなかったです。それでも自分に鞭を打ち、頑張り続けた日々でした。

結果を出すためだけなら、ノウハウを駆使すればできます。でも、もし、幸せと成功の両方を手に入れたいのであれば、人としての**「あり方」を高めていく**ことが必要になります。そのことについて、第2章でお伝えします。

自分を新しくすれば取り巻く世界も変わる。

ルートヴィヒ・ウィトゲンシュタイン

第2章

人生の創作者になって
人間関係を再構築しよう

人間関係は自分次第

自らの将来を意図的に作れ。

アルベルト・シュバイツァー

人間関係がうまくいかない時、私たちは問題を相手のせいにしがちです。「上司」がもっと理解してくれれば、「部下」がもっとやる気があれば、「夫」がもっと思いやりがあれば、「妻」がもっとやさしかったら、「子供」が、「お父さん」が、「お母さん」が……と相手のせいにしていないでしょうか。

自分に起きる問題を周りのせいにして、文句を言ったり、嘆いたり、恨んだりする時、私たちは「犠牲者」として生きています。もし、自分に何とかする力があると思えば、考えて対応することができます。犠牲者でいると、「相手が変わってくれれば、こんな苦労はしないのに」と考えて、状況を変えるために転職をしたり、離婚したりします。相手が変われば問題は解決してうまくいくと思って……。でも、それで本当に解決するでしょうか？

自分の望む人間関係を再構築できるのは、**〝人生の創作者〟**である人だけです。人生の創作者とは、「自分の人生は自分でつくる」という責任を引き受ける人のことです。

では、人生の創作者でない人は、どういう人なのかというと、物事がうまくいかないことの理由を「自分以外にある」と決めこんでいる人です。そして、「相手が理解しないのだから仕方ない」「あの人のせいでこうなった」ということが真実だと思っています。

それが人間ですから、悪くも何ともありません。普通です。でも、この本では、普通でないことに取り組みます。何といっても「当たり前を破壊する」哲学思考がベースですから。

ここでニーチェの言葉、「この世界に真実はない、あるのは解釈だけだ」を思い出してみましょう。

あるのは解釈だけだとしたら、私たちは、自分で作った解釈という妄想世界に住んでいることになります。それなのに相手のせいにしているのです。自分で作っている世界なのに！　これも、人間のエゴイズムがそうさせるのです。

私たちが、自分で作った解釈という妄想世界に住んでいるのなら、新たな解釈をすることができます。

人間関係は相手次第でなく「自分次第」であり、自分には問題を解決する力があり、望む関係を作れるとしたら、これまでとは違う関係が可能になります。これまでなし得なかったことが可能になるのです。

最近の脳科学で、人の脳は無意識でいると、マイナスなことを考えやすいことがわかっています。人間は無意識だと「無理だ」「できない」「どうせ変わらない」とあきらめモードになりがちです。ですから、人生に前向きに取り組むなら、まず「意図的」であろうとすること、そして、「人生の創作者として生きるんだ」という決断が必要になります。

人生を変えたいなら、
仕事でも環境でもなく態度を変えよ。
ルートヴィヒ・ウィトゲンシュタイン

結果を出せば幸せになれるという幻想

創作者として生きるための人間の質を決めるのが、「あり方」のレベルです。

「あり方」という言葉は、最近よくいわれていますので、もしかすると耳にしたことがある方もいるかもしれません。あり方とは、その人の世界のとらえ方、人間性、行動や思考の基盤となっているものといえます。一言でいえば、**人間力であり、その人の器**といえるでしょう。

「あり方」と対で使われる言葉は「やり方」です。

私たちが欲しいものを手に入れようとする時、まず考えるのは「やり方（どうやったらできるのか？）」でしょう。

幸せになるにはどうしたらいいんだろう。

結果を出すにはどうすればいいんだろう。

どう話せばあの人はわかってくれるのだろう。

そんなふうに、「どうしたら……」「どうやれば……」と考えて、効果的なやり方を知って実践して、結果を作れば幸せになれると多くの人が幻想を抱いています。

例えば、今より仕事で成功してお金を稼いだら、自信もついて、きっと人間力も上がるだろうと。でも、考えてみてください。もちろん目標を達成すれば達成感はあります。しかし、それだけでは満たされず、何かモヤモヤして充足感が得られない、もしくは満足感は一時的で、気がついたら元に戻っている、といった経験のある方も多いと思います。

なぜ、そんなことが起こるのでしょうか？

「はじめに」でも書きましたが、私はブライダル業界で成功しました。しかし、その結果は私に自信も満足も与えてはくれませんでした。

当時の私は、成功すれば自分の自信のなさを払拭できて、幸せになれると思っていました。それなのに結果を作っても、評価をされても一向に満たされず、心が休まることがなく、「この先に私が求める幸せはないのではないか」と理由のわからない不安がどんどんと大きくなっていくばかりでした。「何かがおかしい」と気づきながらも、このやり方を手放すと、結果が出せなくなり、腑抜けになるのではないかと恐れ、ブレーキとアクセルを同時に踏みながら、無理やり自分を鼓舞して頑張り続けていました。

なぜ、結果を作っても満たされなかったのか、今ならその理由がわかります。

それは、私の「あり方」が「恐れ」だったからです。

根底にある恐れを払拭するために頑張り、結果を作りました。結果を作れば恐れがなくなり、すべての問題解決につながると思って、全力で取り組んでいました。「恐れ」が私の原動力でした。ですからビジネスの拡大は、「スタッフが辞めて対応できなくなったらどうしよう」「もし、うまくいかなくてガッカリされたらどうしよう」と、私をより大きな不安と恐れに追い込んでいったのです。

出来事が人生を決めるのではありません。**自分の「あり方」が、出来事に対する解釈や感情を決める**ということを、身をもって知らされた体験でした。

自分自身が幸福でなかったら、どんな結果を作っても、周りからどれほど評価されても、満たされはしません。「恐れ」というメガネをかけたら、世界は恐れとして表れます。「喜び」というメガネをかけたら、世界は喜びとして表れます。出来事に色があるのではなく、自分の「あり方」というメガネの色が、世界をそう見せているのです。

当然ですが、「人生を恐れる」というあり方より、「人生を楽しむ」というあり方のほうが、満足感や幸福感は高くなります。満足感、幸福感に満たされていたら、やる気は充満し、モチベーションも上がり、自分に余裕も出てきます。その結果、人との関係もうまくいき、困難さえ楽しむことができ、より大きな成果を作り出せるようになります。

やり方を実践して結果を出して幸福になるのではなく、あり方が幸福であれば、それにふさわしい結果が現れてきます。

「やり方→結果→幸福」ではなく、「あり方→幸福→結果」なのです。

あり方が、すべての根源です。

あり方は成長させることができます。あり方が成長すると、そのあり方にふさわしいことが自然に起きるのです。

幸福は、自分の状況をどのようにとらえ、解釈するかによって決まる。

アルトゥール・ショーペンハウアー

横軸と縦軸の成長

あり方の成長をお話しする前に、最初にお伝えしたいのは、成長には2つのタイプがあるということです。それが、「横軸の成長」と「縦軸の成長」です。

横軸の成長とは、やり方、知識の量、専門性のことを指します。知らないことを知っていることに変えるために知識を習得したり、個別具体的なスキルやノウハウを身につけたりして結果を作っていくのが横軸の成長です。

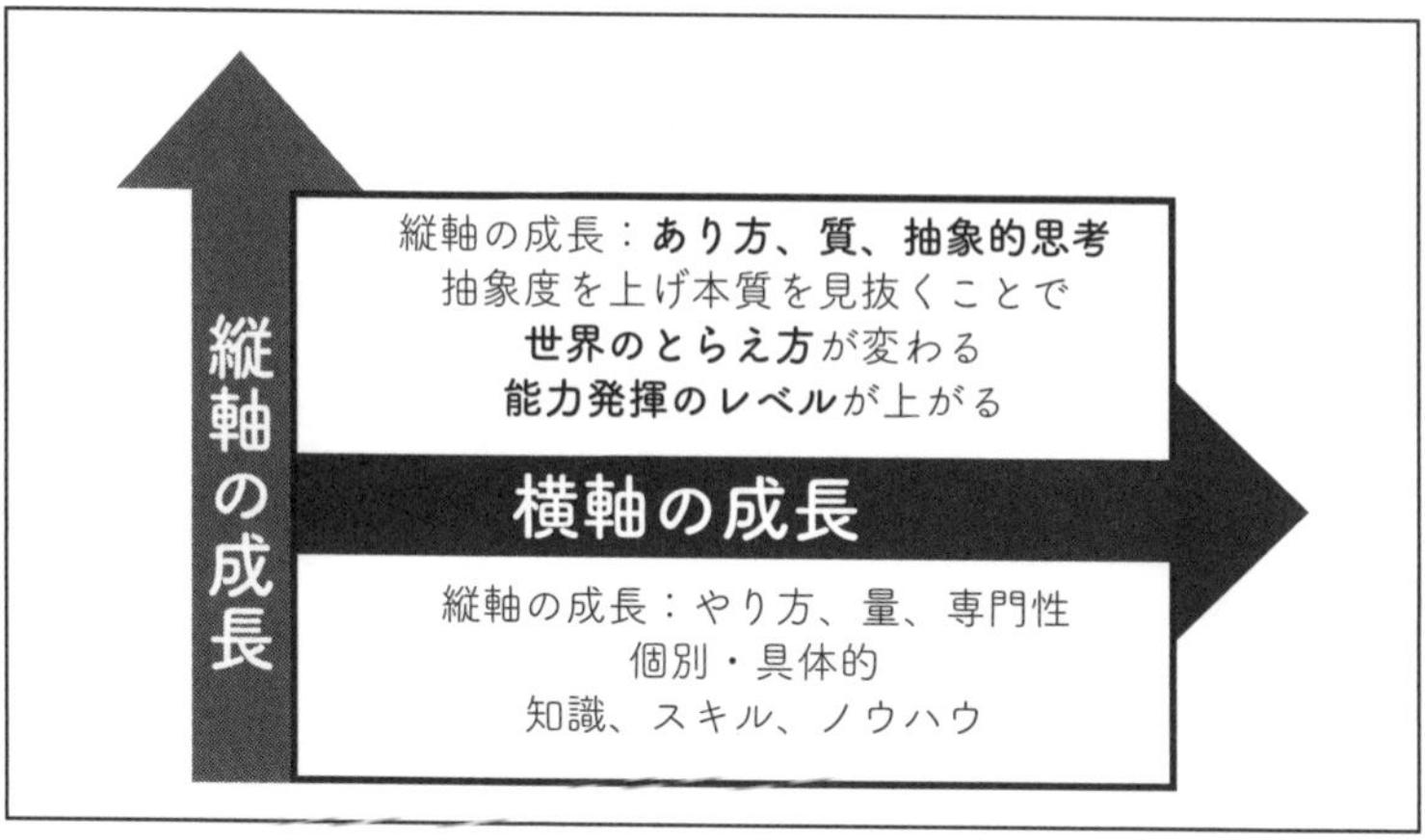

これに対して縦軸の成長とは、人間としてのあり方、質の向上を指します。高い視点をもち、物事を俯瞰的に見る力や、抽象的思考力、メタ認知力を身につけていくことです。

あり方の成長は、縦軸の成長によって起こります。より高い視点で物事を見ることによって、本質を見抜くことができるようになり、世界のとらえ方が変わります。それによって、**能力発揮のレベル**が上がっていくのです。

なぜ、縦軸の成長で能力発揮のレベルが上がるのかというと、例えば、ビルの1階からしか外を見たことがない人と、10階から外を見たことがある人がいるとします。1階と10階では、見える範囲や風景はまったく違います。10階から見た人のほうが、1階で見ている人よりも全体の状況をつかむことができ、多くの情報に触れることができますから、選択肢も増え、よりよい判断ができるはずです。

では、視点や視座の高さは、人生にどのような違いを作るのでしょうか？

例えば、まったく経験のない分野でも、危機的な状況の立て直しを見事にやり遂げる人がいます。この人は、高い視点で抽象的な思考ができる人です。

他にも、同じ起業塾で同じノウハウを学んでも、結果を出せる人と、出せない人がいます。結果を出せる人は、結果を作るあり方をすでにもっている人です。

どれだけ素晴らしいスキルやノウハウを学んでも、それを活かせるかどうかは別の話です。ビジネスで成功したいなら、まずはビジネスで成功するあり方を育てる必要があります。

誤解しないでいただきたいのは、横軸の成長がダメで、縦軸の成長がいいと言っているわけではありません。横軸の成長と縦軸の成長は、どちらも大事です。

これまでの社会は、正しい答えがあり、正解を知っている人が優秀であるとか、他の人よりも多くの知識をもっている人が偉いという評価をしてきました。ですから私たちがしてきた学びのほとんどは、横軸の成長のための学びです。

安定した成長期には、今あるものを改善していく具体的な修正や改善が役に立ちます。

ところが今のような、変革期の不安定で答えのない時代には、本質を見抜く抽象的な思考が求められています。メタ認知力や思考力といった言葉が流行るのもそのためです。

これまで私たちは、「言われたことを真面目にやれば評価される」という社会構造の中にいたため、縦軸の成長は求められてきませんでした。むしろ、これまでのやり方を変えようとすると、「よけいなことをするな」と批判されることもあったのではないでしょうか。

縦軸の成長を求められなかった人は、どうすれば縦軸の成長ができるのかを知りません。ですが、安心してください。本書では、縦軸の成長に取り組みます。縦軸の成長をすることができれば、今まで学んできた知識やノウハウもすべて活かせるようになります。

縦軸の成長に取り組み、あり方（視点・視座）のステージを上げることは、人間関係の質の向上につながります。なぜなら、**誰とつながるかを決める**のが「あり方」だからです。

関係の質を向上させるあり方のマップ

では、「あり方」のレベルを上げるにはどうしたらいいのでしょうか。

やりたいことを叶えるのに必要なのは、今どこにいて、どこに行きたくて、そのためのステップは何かを明確にすることです。それがわかっていないと、やる気があっても行動できません。

あり方は、抽象的でつかみづらいため、精神論になりがちです。そこで私は、あり方を視覚化したマップを作成しました。

左記に示す「あり方のマップ」は、アメリカの精神科医、デヴィッド・R・ホーキンズ博士の著書『パワーかフォースか』の中で紹介している「意識のレベル」をもとにしています。

下から上に向かってあり方のレベルが上がっていきます。

3の「プライド」のレベル以下は、「私」基準で物事を見ているため、自分さえよければいいという考えになりがちです。相手が自分の考えと違うと攻撃的になったり、対立や批判が起きたりして、エネルギーを奪い合うディスエンパワメントな関係の世界です。

4の「勇気」以上のレベルは、自分にも人にもよくあろう、自分のパワーを世の中のために使おうとします。周りにパワーとエネルギーを与え、お互いを活かし合うエンパワメントし合う関係の世界です。

同じ出来事を体験しても、人によって、それに対する考え方や行動がまったく違うこと

あり方のマップ

<table>
<tr><th>レベル</th><th>あり方</th><th colspan="2">感情・状態</th></tr>
<tr><td>7</td><td>愛</td><td>喜び、平穏、慈愛、
包括性</td><td rowspan="4">エンパワメントな関係

俯瞰して世界をみる
・他の人にもよい人間であろう
・自分のパワーは相手・社会のために使う</td></tr>
<tr><td>6</td><td>理性</td><td>知性、合理性、理解、
抽象、言語化力</td></tr>
<tr><td>5</td><td>受容</td><td>中立、意欲、楽観的、
自信、信頼、許容、
寛大</td></tr>
<tr><td>4</td><td>勇気</td><td>肯定、探究心、実行力、
達成力、忍耐力、決断</td></tr>
<tr><td>3</td><td>プライド</td><td>優越感、傲慢、怒り、
破壊と創造、欲望、
渇望、恨み</td><td rowspan="3">ディスエンパワメントな関係

「私」基準で物事を見る
・自分さえよければ
・自分のパワーは自分のためだけに使う</td></tr>
<tr><td>2</td><td>恐怖</td><td>不安、欠乏感、心配、
恐れ、孤独</td></tr>
<tr><td>1</td><td>無価値</td><td>意欲・自信の喪失、惨めさ、
虚しさ、自己嫌悪、
自己否定、劣等感</td></tr>
</table>

があります。例えば想定外のトラブルに遭った時、行動が止まってしまう人と、そこから新しい道を切り開く人がいます。その**違いを生み出している**のが、あり方のレベルです。

あり方のレベルに、その人の物の見方、世界のとらえ方、解釈の仕方が現れ、それが感情や思考を生み出し、行動を決めるからです。

具体的な例を挙げると、一生懸命準備して、会議で提案をした時、上司から改善点をフィードバックされたとしましょう。

1の「無価値」のレベルの人は、「やっぱり自分は何をやってもダメなんだ」とフィードバックをダメ出しととらえて、自己否定するかもしれません。

3の「プライド」のレベルの人は、「上司は私のことをわかってくれない。理解されていない」と上司を悪者にして、陰で文句を言うかもしれません。

4の「受要」のレベルの人は、自分が気づかない視点をくれた上司に感謝し、取り入れ、もっといいものを提案しようと考えます。

そして、それぞれの対応の違いは、上司との関係の違いを生み出します。

出来事は同じでも、あり方のレベルがどこにあるかで世界のとらえ方が変わり、解釈の仕方も変わり、作り出す人間関係も変わるのです。

あり方の7つのレベル

それでは、7つのあり方のレベルについて詳しく解説していきます。

あり方のレベルは、どこか一つだけのレベルに固定されるわけではなく、あっちにいったり、こっちにきたりしますが、中心の居場所になるレベルがあります。

解説を読みながら、ご自分の人生を振り返って、「あの苦しかった時は、どこにいたんだろう？」「最高に力を発揮したあの時はどこにいたんだろう？」とか、「今はどこにいるのだろう？」「どこにでもいられるなら、私はどこにいたいだろうか？」などとイメージしていただくと、腑に落ちやすいと思います。

①無価値

最初のレベルは、「無価値」です。エネルギーが枯渇しているガス欠状態で、自分に自信がなく、意欲がわきません。自分には何かが欠けているという欠乏感があり、虚しく、劣等感、罪悪感をもち、自分を否定したり、責めたりします。人生に希望がもてず、深い悲しみを感じたり、絶望感や後悔の念にさいなまれたりしています。思い込みが激しく、周囲の人の言動をネガティブに解釈して突然怒り出すこともあります。

このレベルの人は、自分の不幸や惨めさを、すべて環境や人のせいだと考えがちです。

●レベルアップするには

まずは、自分に良質なエネルギーを入れ、自分をガス欠状態から満タンにします。

次へのステップは「好きを増やす」（96ページ参照）です。

最も強い希望は、絶望から生まれる。

バートランド・ラッセル

②恐怖

「無価値」の一つ上が「恐怖」です。このレベルでは、生命力、エネルギーが生まれます。危険に対して恐れを抱くことは健全です。世の中は恐れをベースに動いています。例えば死ぬことへの恐れ、失敗や拒絶されることの恐れなどです。関係を失う恐れは嫉妬となります。経済もまた恐れをベースに回っているといえるでしょう。

恐れのレベルで生きていると、「時間がない」「お金がない」「才能がない」などの不安や欠乏感、心配や孤独を感じます。人から褒められても「そんなこと本当は思ってないんでしょ」と悲観的になり、素直に受け取ることができません。人も世の中も、危険で否定的に見えます。そして、頑張らなければと奮闘します。人に軽んじられまいと、権力者や有名人とつながったり、お金に異常に執着したりする場合もあります。

●レベルアップするには
無意識の「ない」へのフォーカスを意図的に「ある」にシフトし、欠乏感を解除します。
次へのステップは、「3つのいいことを書くワーク」（104ページ）です。

人が不安になるのは出来事そのものではなく、
それに対する解釈である。

エピクテトス

③プライド

次の段階は「プライド」です。自分を肯定的にとらえていて、自尊心が高く、居心地のいい場所です。お金や名声、パワーを得ることが人生の動機です。目標達成をするので、周りから評価をされます。

一般的にプライドはプラスにとらえられていますが、次のステップに進む時の足枷になります。なぜなら外部の評価に影響されるので、自己防御的で傷つきやすくなります。傷つけられると、怒りや恨み、復讐心が生まれます。怒りが習慣的だと揉め事に巻きこまれやすくなります。他者と自分を区別し、異なる意見は自分への否定ととらえ、自分の正当性を認めさせようとするので、争いを招き、創造と破壊を繰り返します。「傲慢さ」と「否認」が成長を妨げます。

●レベルアップするには

エネルギーを自分のためだけでなく、他の人にも使うことに取り組みましょう。

次へのステップは「誰かを笑顔にする」（154ページ）です。

他人と自分を分ける心から憎しみが生まれる。

ルートヴィヒ・ウィトゲンシュタイン

④ 勇気

その次は「勇気」です。ここが一つの分岐点となります。勇気未満は、自分基準でしか物事を見られない段階ですが、勇気の段階では、物事を俯瞰的に見られるようになります。人生はおもしろく挑戦的であり、刺激的に見えるでしょう。成長することや学びに意欲的になり、諦めがなくなり始め、不安や恐れに直面しても、それを越えて成長できるパワーも備わります。探究心が湧き、実践力、達成力もアップし、能力が発揮され、自分のプラスのエネルギーを社会に還元しようとします。達成することが自尊心にもつながり、次第に自分は強くなっていきます。

●レベルアップするには

人生の創作者としての自分を育てましょう。

次へのステップは、「創作の感謝」（158ページ）です。

勇気なくして生きていくことはできない。
ルートヴィヒ・ウィトゲンシュタイン

⑤ 受容

次が「受容」で、犠牲者から創作者への転換が起きます。物事を善悪や正誤などの二項対立でとらえるのではなく、中立の立場で客観的に見る柔軟さがあります。

人と争うことはなくなり、「自分の人生の創作者」として生きるので、うまくいかないことがあっても環境や人のせいにしなくなり、恐れや苛立ちが減少します。内なる自信が生まれ、他人に認めてもらう必要がなくなります。仕事はうまく進み、プロジェクトも次々と成功するでしょう。幸せの要因は自分の中にあり、愛は他者から与えられたり奪ったりするものではなく、自分の中から創造されることに気づきます。

●レベルアップするには

自分を愛で満たすことで愛の循環を作り出していきましょう。

次へのステップは、「自分を愛で満たす」（168ページ）です。

「善と悪」という二組の対立した価値は
この地上で幾千年にも及ぶ長い恐るべき戦いを交わしてきた。
フリードリヒ・ニーチェ

⑥理性

次の段階が「理性」です。高い視座をもつことで、複雑さや微妙な違いを理解することができます。言語化能力にも長け、高い知性を有しています。

ただ、残念なのは、概念や理論に夢中になるあまり、「木を見て森を見ず」の状態になることです。理性は、膨大なデータに基づいて問題解決し決断する能力には長けていますが、データでは測りきれないことや矛盾を解決する能力には欠けます。論理的で分析的な世界では、高い能力を発揮しますが、理性だけでは人間関係はうまくいきません。

●レベルアップするには

自他を超えた大義をもつことです。本書では、大義をもつための具体的な説明やワークはありませんが、あなたが人生を通して、未来に残したいものは何か、どんなバトンを次の時代に渡したいのかを考えることが大義を見出すヒントとなります。

理性よ、さらば。

ポール・ファイヤーベント

⑦ 愛

ここでいう愛は「あの人が好き」という感情的な愛ではありません。無条件の愛、自他の区別のない愛のことで、その根源が環境に基づかないレベルです。

理性には「木を見て森を見ず」なところがありましたが、愛は包括的であり、問題の全体像を瞬時に認識する能力があります。理性は細部を扱いますが、愛は全体を扱います。愛は、あなたの心から発し、他人のエネルギーをも引き上げる強い力があります。また、自分よりも偉大な存在を感じ、ネガティブなものを攻撃するより、リセットし溶かす力をもっています。愛が高まるにつれて内側から無条件の喜びが沸き上がります。

真の愛は、自己の幸福を追求するものではなく、
他者の幸福を追求するものである。

イマヌエル・カント

以上が7つのレベルの解説です。

ここで、一つ注意点があります。このあり方のマップは、より幸せな人生を築くためのツールとして作りました。ですからこれを見て、「私は低いレベルだからダメだ」と自分を責めたり、「私はあの人より上だ」と優越感から相手を見下したりしては、本末転倒です。

あり方のレベルに優劣はありません。人は誰でも、このすべてのあり方をもって生まれてきています。その時々、さまざまな事情で「今そこにいる」だけで、それがその人自身ではありません。また、どのレベルにいるにしろ、自分の**今のレベルを知る**ことが、成長の第一歩です。

あり方のレベルは自分で選択できる

あり方は、私たちが世界をどう見るかを決め、どんな感情や思考が沸き起こるかを決めています。これまでは、無意識に、あるいは環境や状況が、どこのレベルにいるかを決めていたかもしれません。でも、このマップがあることで、今どこにいるかを明確にし、どこに行くのかを自ら選択することができます。それが、創作者としての人生の始まりです。

今いるレベルで満足なら、そこにいればいいですね。でも、もし「何かうまくいっていないなぁ」「もっと成長したいなぁ」と思うなら、心から満足できる人生のために、あり方のレベルを上げることに取り組みましょう。

あり方が変われば、人間関係が変わります。人間関係が変われば、あなたが出す成果も変わります。

人の器は、力をもった時、その力で何をなすかで測られる。

プラトン

人は結果を出すことで、影響力をもち、力をもつことができます。でも、もし力をもっても、あり方がプライド以下のディスエンパワメントの世界にいたら、周りは敵だらけです。どうやって相手に勝つか、自分を守るかにパワーを使わざるを得ないでしょう。たとえ結果を出し、周りから認められても、心が休まる暇はありません。

実際、私もブライダルの会社を経営していた時、周りは敵だらけだと思っていました。「恐れとプライド」という私のあり方が、その世界を作り出していたのです。

どんなに気を遣っても、ポジティブに明るく振る舞っても、傾聴し、あいづちを「うん、うん」と打っても、感謝をしても、やり方で作れる変化はその場しのぎで、私の不安が消えることはありませんでした。

多くの人は人間関係がうまくいかない時、世の中にたくさん出ているノウハウ本を読み、感情や思考を変え、行動を変えようとします。しかし、ノウハウを知っているからといって、温かい人間関係が作れるわけではありません。その感情や思考を生み出している大元の「あり方」(世界のとらえ方)に取り組むことで、ノウハウも活かせるようになるのです。

先ほども書いたように、「やり方→結果→幸福」ではなく、「あり方→幸福→結果」ですから、あり方がすべての根源なのです。

まずは、あなたの**あり方のレベルをどこにするか**を決めましょう。それが、自分との関係を決め、関わる人との関係を決めます。

「勇気」以上のあり方のレベルで世界をとらえることができたら、周囲の人たちとエンパワメントな関係を築いていくことができ、あなたは自分の能力を発揮し、あなたが輝くだけでなく、周りも輝かせることができます。そして、成功も幸せも手にすることができるのです。

ここまで読んでくださったあなたは、「あり方のレベルを選択する」という新しい選択肢を得ました。それは、**「どんな人生を、どういう人として生きるか」**の選択ともいえます。

あり方のレベルを自分で選べるなら、あなたは、どこのレベルにいたいですか？　どんな関係を大切な人と作りたいですか？　すべては選択と決断から始まります。

次のワークを通して、あなたはこれまでどこのレベルにいたのか、今どこにいるのかをチェックしましょう。そして、これから、どのあり方のレベルをあなたの居場所にするのかを選択しましょう。

あり方のレベルをチェックするワーク

まず、これまでのあり方のレベルを振り返ってみましょう。このワークを行うことで、あり方が自分の人生に影響をしていたことを実感していただけると思います。

手順は次の通りです。79ページに私の事例を載せますので、参考にしてください。

ステップ1：人生を振り返る

自分の人生を振り返って、幼少期、学生時代、社会人、現在で、印象深かった出来事を5つ書き出しましょう。

ステップ2：あり方のマップを作る

それぞれの時代の時に、自分はどのレベルにいたかをワークシート用のマップにマークしましょう。「だいたいこの辺り」という感じで結構です。そしてその時の状態を書きましょう。

ステップ3：これまでの人生を承認する

書き終わったら、あり方のマップを眺めて、頑張ってきた自分を承認してください。嬉しかったこと、辛かったこと、いろいろあったと思います。そのすべてを経験して乗り越えて、今ここにいる自分を「よく頑張ったね」と承認し、労ってください。

ステップ4：新しい家に引越しましょう

本当にあなたがいたいレベルはどこでしょう。あり方のレベルという土地のどこに、あ

あり方のマップ　ーワーク用ー

レベル	あり方	
7	愛	
6	理性	
5	受容	
4	勇気	
3	プライド	
2	恐怖	
1	無価値	

なたの住む家を建てたいですか？　自信や根拠に関係なく、「住むならここがいい！」と思う場所に家の絵を描いてください。

今日から、あなたが選んだ、そこがあなたの居場所（あり方のレベル）です。

すべての**変化は決断から始まります**。新しい家に引越ししたあなたに、「お引越し、おめでとうございます!!」と祝福を贈ります。

あり方のマップ　―ひぐちまりの事例―

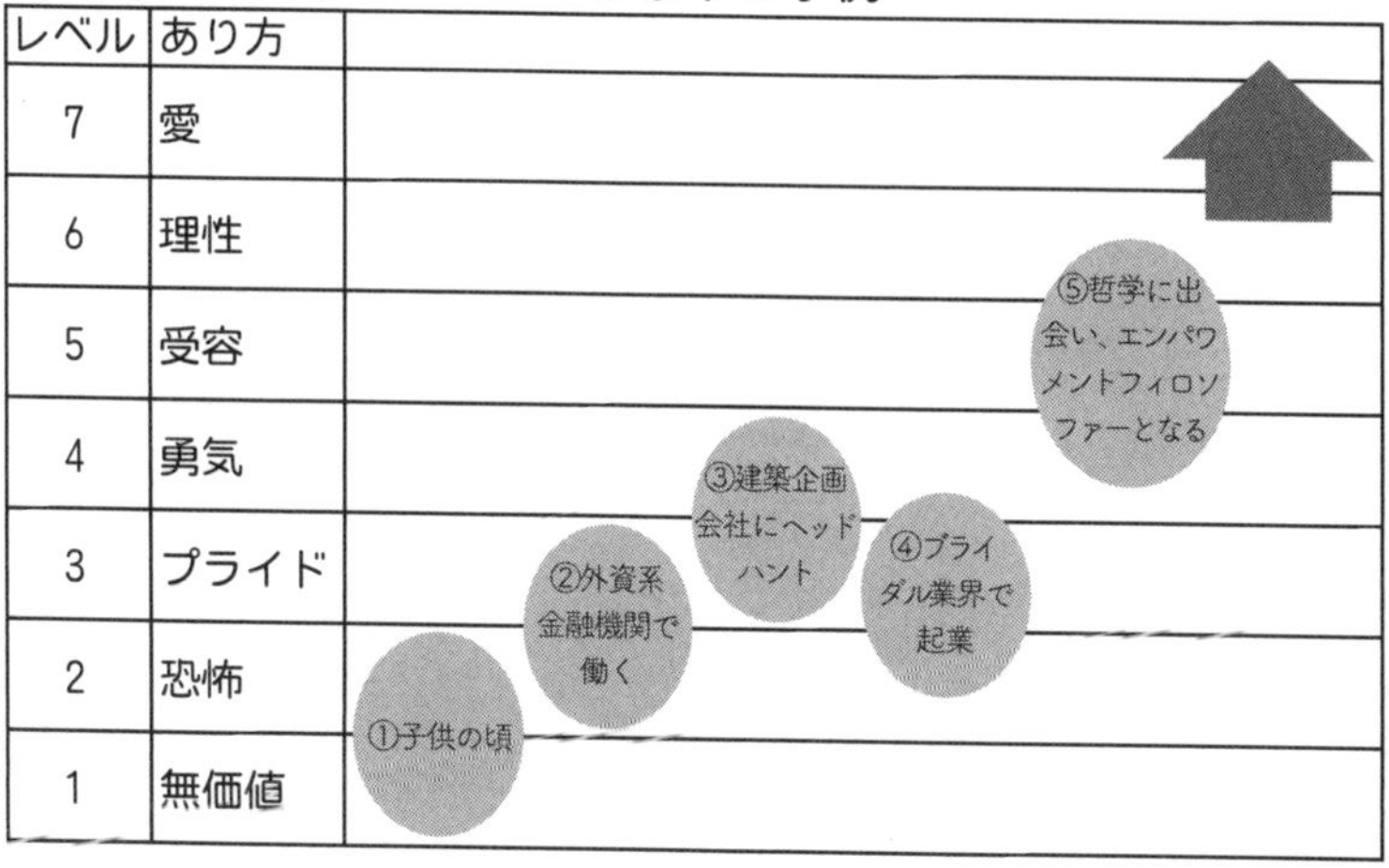

レベル	あり方	
7	愛	
6	理性	
5	受容	⑤哲学に出会い、エンパワメントフィロソファーとなる
4	勇気	
3	プライド	③建築企画会社にヘッドハント　④ブライダル業界で起業
2	恐怖	②外資系金融機関で働く
1	無価値	①子供の頃

（参考）ひぐちまりのあり方レベルの変遷

①子供の頃【レベル：無価値～恐怖】

自分に自信がなく、人の輪に入れず、いつも恐怖の中にいた。明日が来なければいいのにと思っていた。

②外資系金融機関で働く

【レベル：恐怖～プライド】

日本でまだ女性ディーラーが数人しかいない時代、ディーラーは憧れの仕事でその仕事につけたことにとてもプライドがあった。同時に、私は専門学校卒だったが、周りは優秀なＭＢＡ保持者だったので、自分の無能さがバレるのではないか、バカにされるのではないかという恐れから強がり、頑張っていた。

③建築企画会社にヘッドハンティングされる【レベル：プライド～勇気】
26歳で専務取締役となる。社長をサポートして、仕事とボランティア活動で世界を飛び回る。自分の仕事が世界のために役立っているという実感があり、多くのチャレンジをした。

④ブライダル業界で起業【レベル：恐怖～プライド】
初年度5組のプロデュースから始まり、10年後には500組を超えた。新しい時代を作ったことへのプライドがあったが、組数が増えるごとにプレッシャーと責任が増し、「いつかうまくいかなくなるのでは」と常に不安だった。人間関係もうまくいかず、眠れない夜を過ごしていた。

⑤哲学に出会いエンパワメントフィロソファーになる【レベル：勇気～受容～理性】
哲学に出会い、俯瞰する力を得たことで、これまでのうまくいったこと、いかなかったことの理由を分析でき、過去のすべてを完了し、力にすることができた。大義を見出したことで、自分でも驚くほど寛容になり、ぶれなくなっている。

★新しい家の場所：愛

これから住むべきあり方のレベルを選択したら、あとは、それに**ふさわしい自分**を育てていきましょう。あり方のレベルを上げる第一歩は、すべての関係の土台となる「自分との関係」の向上に取り組むことです。

自分との関係を再構築すると人間関係が変わり、ビジネスでの成果がかわります。その事例を紹介します。

●2年ごと10回の転職を繰り返していた女性が初の女性役員に（46歳　女性）

コールセンターのマネジメントでは、キャリアもあり優秀な女性。ただ、上司やスタッフと衝突を起こし、転職を繰り返していました。自分との関係を再構築した彼女の、10回目の転職先は、外資系コールセンターのマネージャー。職場の雰囲気が悪く、スタッフはお互いの悪口を言い合う職場。それが、彼女が着任して1ヵ月もすると、職場の雰囲気は一変。スタッフはお互いに感謝し合い、明るい職場へ。結果、期待以上の業績アップに貢献でき、大幅な報酬アップと、日本で初の女性役員候補となりました。

●整体院運営、広告かけずに売り上げ5倍（42歳　男性）

売り上げが伸び悩んでいた整体院運営の男性。広告を出そうかと考えましたが、広告を出してもリピートにならなければ元がとれない。なら、まず選ばれる人格になろうと自分との関係の再構築に取り組みました。最初の変化は奥様との関係。毎日のようにしていたケンカをしなくなった。ビジネスでは、リピートする人が増え、広告なしで、売り上げが5倍に。リピートする理由をクライアントに聞くと「先生と会うと、元気になる、なんだかいい事がおきるんです」と言われたそうです。

自分との関係が変われば、人間関係の質が変わり、人生のステージが上がります。**始まりは自分**です。次の章では、最高の自分を発揮するにはどうしたらいいかをお伝えします。

自分自身で自分の人生に
意味を与えなくてはならない。

カール・ポパー

第3章

自分との関係を再構築し
笑顔あふれる人生を

最高の自分を発揮する「セルフエンパワメント」

人間関係の質を向上させ、幸せや成功を手に入れるためのすべての関係の土台となるのが、「自分との関係」を再構築することです。これは、あり方のレベルを上げる第一歩です。

第1章でお伝えしたように、自分との関係がエンパワメントな関係の時は、自分を応援し、励ますことができます。ですが、ディスエンパワメントな関係であると、自分を否定し、自分で自分を裁き、自分の力を奪うことになってしまいます。

例えば、新しいことにチャレンジすると、必ずといっていいほど、思ったように物事が進まないことや想定外のことが起きます。

その時に、自分とエンパワメントな関係を作っている人と、ディスエンパワメントな関係を作っている人では、大きな違いが出てきます。

エンパワメントな関係を作っている人は、うまくいかないことや想定外のことも、「おもしろくなってきた。次はどうする?」とか、「大丈夫、きっとできるよ」と自分を励まし、前進することができます。しかし、ディスエンパワメントな関係だと「どうしていつもできないんだろう」「私には無理」と自分にダメ出しをして、ますます自信を失い、行動する意欲すら失いかねません。

どちらが自分を活かし、自分の魅力を発揮し、自分とよい関係を作れるかは一目瞭然、間違いなく「エンパワメントな関係」です。

すべての関係の質を向上させるには、まず、**自分とエンパワメントな関係を築く**ことから始めましょう。そのために必要なのが「セルフエンパワメント力」です。

「セルフエンパワメント力」とは、自分で自分を力づけ、勇気づける力です。この力を身につけることができると、自分との関係の質は、一気に向上します。

最初に起きる変化は、落ち込みにくくなることです。そして、落ち込んでも復活にかかる時間が短くなります。

セルフエンパワメント力を身につけるためには、まず、自分の状態についての解像度を上げましょう。ぼんやりとしか見えていないと、効果的に取り組むことはできません。

落ち込むことは問題ではない

私はこれまでにさまざまな業界の人と関わってきましたが、その中で、結果を出す人と、出さない人には明確な違いがあることに気がつきました。

それは、想定外や困難にぶつかった時に、どう向き合うかです。

思うように事が運ばない時は、その困難を乗り越えるためにいつも以上にパワーが必要です。ところが、結果を出さない人は、環境や状況を言い訳に力を失い、こんな自分はダメだと自分を責め、さらにあの人のせいだと他人を恨み、どんどん力を失っていきます。

結果を出す人は、自分が落ち込んだ時に「落ち込んだ」と認識できます。そして切り替えることができます。

落ち込んでいる人の状態を想像してみましょう。表情には笑顔はなく、悲観的で深刻です。何をするにもやる気が湧かず、不安が募っていくばかり……。

人は落ち込む状態を嫌いますが、落ち込むことが、人生にどれほどの影響を与えているかには気がついていません。悲観的な人は、無意識に周りにマイナスの影響を与えます。

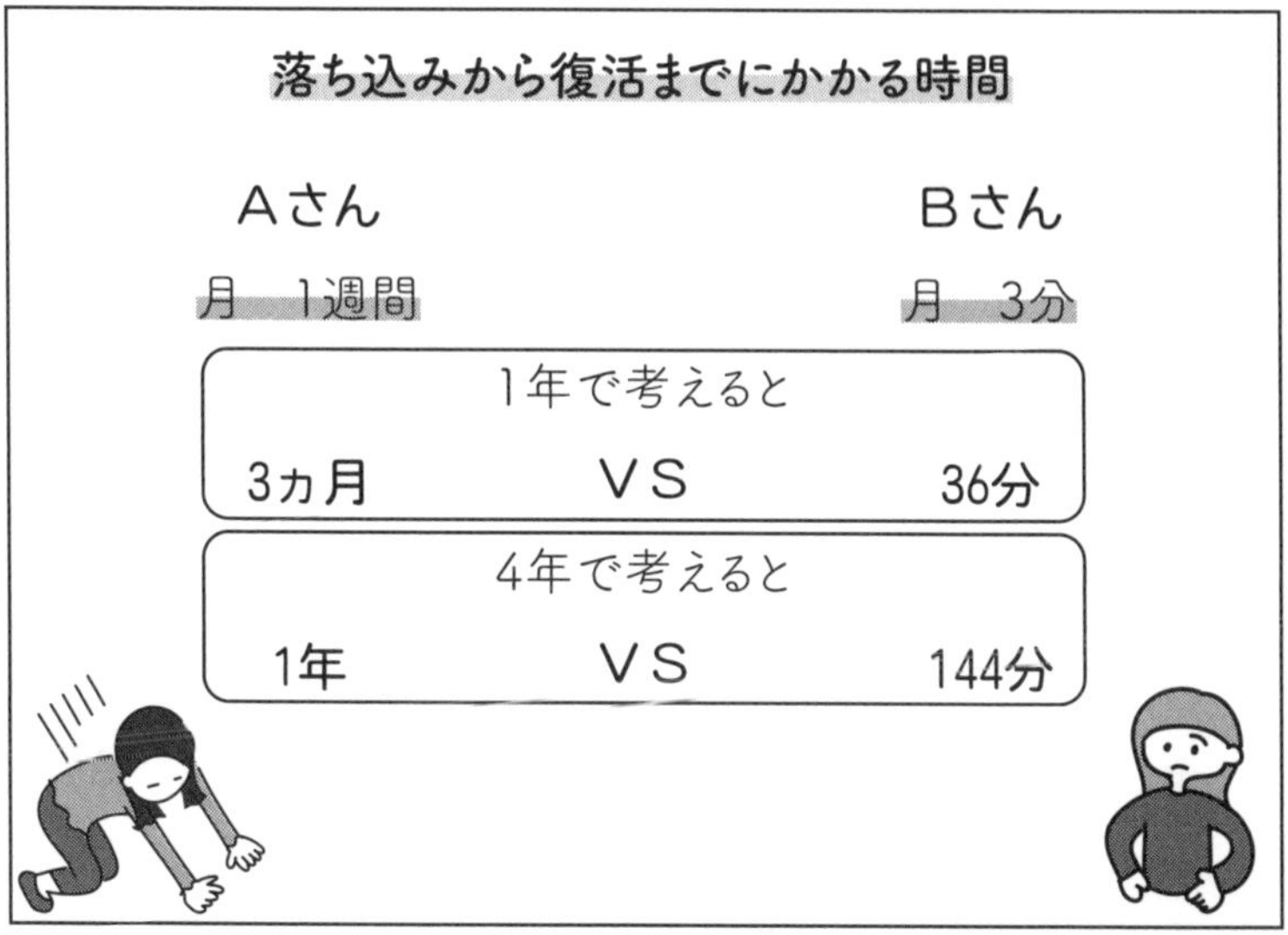

そんな人とは、何かを一緒にやりたいとは誰も思いませんから、運もチャンスもやってくることはありません。それだけでなく、落ち込んでいる時は、自分の魅力や才能が発揮できず、自分を活かすこともできません。

魅力や才能がないならまだしも、せっかくもっている魅力も才能も活かせないなんて、時間の無駄遣いです。人間にとって、生まれてから死ぬまでの時間は命ですから、**時間の無駄遣いは、命の無駄遣い**といえます。この時間を短くできたら、魅力や才能を発揮する時間が増え、人生が好転します。

例えば落ち込みから復活までに、1週間

かかるAさんと、3分で復活できるBさんがいるとします。AさんとBさんが、月に1回落ち込むと仮定した場合、1年間に換算すると、2人が落ち込んでいる期間はどのくらいになるでしょうか。

87ページの図でもわかるように、Aさんは1年で12週間、つまりおおよそ3ヵ月間も落ち込み、力が発揮できない状態でいることになります。それに比べてBさんは、1年間で落ち込む時間は36分という計算になります。4年で考えると、Aさんは4年のうち1年落ち込みますが、Bさんはたったの144分です。

AさんとBさんが同じ才能や魅力の持ち主であれば、より大きな成果を作り出すのは、間違いなくBさんです。

「落ち込む」ということ自体は問題ではありません。人間であればショックなことや、残念なことがあったら落ち込むこともあるでしょう。人生はいい時も、悪い時も両方あって完璧です。問題は、落ち込んだ時に切り替えができず、落ち込み続けることです。

落ち込むことを避けたら、安全なことしかできなくなります。チャレンジできなくなります。たとえ落ち込んでも、3分で復活できたら、**落ち込むことは問題にならなくなる**のです。

結果を作っている人たちは、すべてがうまくいっているわけではありません。困難にぶつかっても、諦めることなく乗り越え続けてきた人です。そして、それを可能にするのが「セルフエンパワメント力」です。自分で自分を力づける、セルフエンパワメント力があったら、どんな時で最高の自分を発揮し、あなたの才能と魅力を活かして、素晴らしい関係を構築することができます。

うまくいっている時はご機嫌だけど、気に食わないことがあると不機嫌になったり、困難にぶつかると力を失ったりと、環境次第、結果次第、相手次第で気分にムラがある人は、周りのエネルギーを下げてしまい、悪影響を及ぼします。

セルフエンパワメント力を身につけ、どんな時も、どんな状況でも最高のパフォーマンスができることが、よい人間関係の始まりです。

プラスエネルギーとマイナスエネルギーを知る

人間のエネルギーの状態には、プラスの状態とマイナスの状態があります。

あり方のレベル4以上に存在するのがプラスエネルギーです。

あり方のレベル3以下に存在するのがマイナスエネルギーです。

このプラスエネルギー、マイナスエネルギーの感情や状態は、私のメンターであった小南奈美子さんから教えてもらったものです。小南さんは医学博士であり、長年、人間の可能について取り組んで来られた方です。

プラスエネルギーの時の感情は、喜び、安堵、楽しい、愉快さ、嬉しい、思いやり、優しさ、温かさなどが湧き上がり、状態は、寛大さ、自由さ、自信、尊敬、希望、勇気、慈悲、平和、信頼感、一体感などがあります。

マイナスエネルギーの時の感情は、不安、心配、恐れ、悲しみ、寂しさ、恨み、怒り、憎しみ、虚しさ、イライラなどが表れ、状態は、恐怖感、嫌悪感、不安感、無価値さ、嫉妬、冷酷さ、乏しさ、不満、罪悪感、自己否定、面倒くささ、焦燥感、劣等感、被害者意識などがあります。

多くの人が求める自信や希望が存在するのは、プラスエネルギーの時だけです。ですから、自信や希望をもちたいのであれば、プラスエネルギーの状態になることが先決です。

プラスエネルギーは、パフォーマンス、達成能力、創作、問題解決、記憶力、思考能力、決断力、コミュニケーション能力などを向上させ、マイナスエネルギーはそれらを低下させます。ということは、マイナスエネルギーの状態でコミュニケーションを学んだり、知識やノウハウを得たりしたとしても、それを活かしきることができないということです。

思いやりがあって、決断力もあり、常に前向きなプラスエネルギーの人と、イライラして口を開けば不平・不満ばかりいうマイナスエネルギーの人がいれば、一緒に仕事をしたり、食事をしたりしたいと思うのは、プラスエネルギーの人でしょう。

マイナスエネルギーよりプラスエネルギーがよいということは、誰でも知っていることです。そして、プラスエネルギーで才能や能力を発揮したいと、誰もが望んでいるにもかかわらず、なぜそれができないのでしょうか。

それは、**人間の本質**を知ることで理解できます。

2章でもお話ししたように、人間は、無意識でいるとマイナスエネルギーになりやすいのです。これは、人間が進化の過程で、生存に直結する危険を即座に感知し対処するために、脳がネガティブな情報に対して敏感に反応するようになったためです。そのおかげで人間は、ここまで滅びずに生き残ることができました。

多くの心理学者によると、人間が無意識でいる割合は、24時間を100%だとすると、95%～97%も占めているといわれています。「無意識」とは、自分が何をやっているのかの認識がまったくない状態です。

95%以上が無意識であり、無意識でいるとマイナスエネルギーになりやすいのであれば、「力が発揮できない」「うまくいかない」と空回りして葛藤することが多いのも無理はありません。

つまり、人間であれば、そもそもマイナスエネルギーになりやすいのですから、個人の性格の問題ではないということです。これを個人の問題にしてしまうと、「なぜ私は落ち込みやすいのかしら」と自分を責め、ますますマイナスエネルギーのスパイラルに落ち込んでしまいます。

落ち込みやすい理由は簡単。人間だからです。

だからこそ、セルフエンパワメント力を身につけ、意図的にプラスエネルギーとマイナスエネルギーをコントロールできるようにすることが大事なのです
ここまで読まれて、もしかしたら「プラスエネルギーはよくて、マイナスエネルギーは悪いんだ。マイナスエネルギーになっちゃいけないんだ」と思われたかもしれませんが、それは違います。

人間なら、プラスエネルギーにもなるし、マイナスエネルギーにもなります。両方あっ

て完璧です。人間である限り、マイナスエネルギーがなくなることはありません。それなのに、「マイナスエネルギーになってはいけない」と思ってしまったら、もう負け試合に出るようなものです。「プラスエネルギーでなければならない」と思っていくら頑張っても、人間として生きている限り、結局マイナスエネルギーになることだってあります。その時に「やっぱり私はだめだ」と自分を責めてしまうと、ますますマイナスエネルギーが強化されていきます。

「プラスでなければならない」「ポジティブでなければならない」という言葉は、人間である自分への脅しです。

ここで取り組みたいのは、「マイナスだな」と気づいた時に、切り替える方法を知っておくことです。そして、少しでもプラスエネルギーの状態にいる時間を長くすることです。そのためには、意図的であることが必要です。

「私はどっちでいたい？　プラス？　マイナス？」と自分に尋ねて、どちらにいるかを自分で選択をすればいいのです。プラスエネルギーにいたいなら切り替える。マイナスエネルギーのままでいいなら、マイナスエネルギーにいることを選択する。ただ、それだけです。

大事なのは、自分でどっちにいるかを選択し、**その選択に責任を取る**ことなのです。

悲観主義は気分のものであり、
楽観主義は意志のものである。

アラン

セルフエンパワメントに必要な2つのアプローチ

ここからは、セルフエンパワメントをするための方法を2つお伝えします。

1つは予防。これは変容を起こす本質的取り組みです。

2つ目は対処。これは即効性のある対処法です。

この2つは、**同時にやることで効果**が現れます。

例えば歯が痛いとします。でも、忙しくて歯医者にかかる時間がない時、とりあえず痛み止めを飲んでしのいだとします。痛み止めを飲めば、痛みはなくなりますが、本質的な問題である虫歯が治るわけではありません。このような「対処」を繰り返して痛み止めを飲み続けたら、胃を悪くするなど、別の問題を起こすでしょう。

この場合、「予防」は、歯医者へ行って虫歯を治すだけで終わりではありません。もし歯の磨き方が悪いのであれば、歯磨きの方法をチェックしてもらって、歯を磨き続けることです。虫歯を治しても、きちんと歯を磨き続けなかったら、また虫歯になるでしょう。予防（本質的取り組み）は、やり続け、新しい習慣を作ることが大事です。

人間も同じように、対処をすれば、落ち込み続けることなく、とりあえず落ち込みから復活できるかもしれません。しかし、それは根本的な解決にはなっておらず、時間が経てば、また元に戻ってしまいます。落ち込んだり気分がよくなったりのアップダウンを繰り返すだけで、あり方のステージが上がることはありません。

それに対して、予防は時間をかけて継続的に行うことで効果を発揮します。時間がかかりますので、その間に落ち込むことも当然あります。

ですから対処と予防の両方をすることで、落ち込みにくくなり、切り替えもスムースにできるようになります。

まずは、どうすれば予防ができるのか、本質的な取り組みから紹介します。

①予防（変容を起こす本質的取り組み）

この取り組みは、プラスエネルギーでいる習慣を作ることです。その方法を2つ紹介します。

◉好きを増やす

好きを増やすには、次の2種類の方法があります。

①自分の好きを増やす

②自分の周りに好きを増やす

具体的にどういうことかをみていきましょう。

まずは「自分の好きを増やす」です。

例えば、由美さんと麻衣子さんがいます。由美さんは、「背が低い、忘れっぽい、声が大きい、目がちっちゃいし、おっちょこちょい」など、自分の嫌いなところばかりに目を向けています。一方で麻衣子さんは、自分のことを「ちっちゃくて可愛いし、声が大きいけど、それは嘘がつけない証拠」と、自分のよい面に目を向けることができる人です。

言うまでもなく、自分をプラスエネルギーにおくことができるのは、麻衣子さんですよね。

では、ここで麻衣子さんになるためのワークを1つやってみましょう。

【ワーク】1分で、自分の好きなことをできる限り多く書き出してください。容姿、スタイル、性格、趣味、これまでやってきたこと、何でもいいです。

これまでの社会を振り返ると、自分のダメなところや苦手を克服することで理想の自分になれる、という考えが一般的だったと思います。ですが、これは錯覚です。この錯覚を起こしていると、自分の悪いところを探し改善しようと努力をします。そうすると、自分の悪いところばかりが目につき、**自分のいいところは見えなくなってしまいます**。また、自分の好きなところ、いいところを探したり、自分を褒めたりしたら、周りから「あの人はいい気になっている」と陰口を言われるのではないか、という恐れもあるかもしれません。

ここで大事なことは、目的を間違わないことです。自分の好きなところ、いいところを見つける作業は、傲慢になるためにやるのではありません。自分とエンパワメントな関係を作り、より成長し、**よりよい人間関係を作るため**です。

自分が好きでなく、自己否定ばかりしていると、人から褒めてもらっても素直に受け取ることができず、感謝できません。人は本来、認められたい存在です。自分で自分を認められると、否定は消え、優しさ、思いやり、寛大さ、忍耐力が生まれてきます。

最初は、「自分の好きなところなんて出てこないよ……」と思うかもしれませんが、意図的によいところに目を向ける習慣が身についてくると、簡単にできるようになります。そのための習慣化ワークも用意しています。後ほど紹介しますので、取り組んでくださいね。

初めの一歩は自分への尊敬から。

フリードリッヒ・ニーチェ

次は、「自分の周りに好きを増やす」です。

もう一度、先ほどの由美さんと麻衣子さんを題材にみていきましょう。

由美さんは、上司はガミガミうるさいし、部下は何回言っても同じミスばっかりして仕事ができないし、パートナーは自分勝手で私の話を聞いてくれないし、景気が悪いし……と、周りの悪いところばかりに目がいっています。一方で麻衣子さんは、上司はガミガミいうけれど私のことを思って言ってくれているし、部下は同じミスをするけれど毎日笑顔でコツコツと努力しているし、パートナーとはお互いに自立した関係でいられるし、景気が悪いとはいわれているけどまだまだ日本も捨てたものではない、とよい面に意図的にフォーカスができる人です。

由美さんと麻衣子さん、どちらが自分をいい状態に保つことができるかといえば、やはり、当然麻衣子さんですよね。

ある営業の達人に、「営業がうまくなるにはどうしたらいいですか?」と私が質問をすると、「先に自分が相手を好きになることだ」と答えてくれました。

そうはいっても、全員を好きになるのは非常に難しいでしょう。中には、どうも好きになれないと感じる人もいるはずです。ですが、安心してください。相手のすべてを好きになる必要はありません。無理に好きになろうとすればするほど、乖離が生まれます。その代わりに、できることが1つあります。それは、物事を区別して見ることです。

この世に完璧な人間なんていません。誰にも「すごいな」と思うところと、「ここはちょっと頂けない」というところがあります。細かくて面倒くさい上司だとしても、大事な書類を出す時には、「あの上司は細かいところまでチェックしてくれるから事前に確認をしてもらおう」と思うことだってできます。

道徳的な視点から「相手のいいところを見つけましょう」と言われることがありますが、相手のいいところを見つけるのは誰のためでしょうか。

先ほどの由美さんと麻衣子さんの話をもう一度思い出してみてください。相手の悪いところにしか目がいかない由美さんと、相手のいいところに目がいく麻衣子さん。麻衣子さんのほうが自分の状態をよくできるという話でした。ということは、相手のいいところを見つけるのは、自分のためといえるのではないでしょうか。これを、「私が我慢して相手のいいところを見つけなければ」と思ってしまうと本末転倒です。「なぜ、私が我慢をして相手のいいところ見つけなければいけないんだ！」とイライラし、ますますいいところが見えなくなります。

誰にでもよい面と悪い面があるのですから、問題は、「あなたがその人の**どこにスポッ**

トライトを当てるか」なのです。

映画監督の黒澤明氏は、「悪いところは誰でも見つけられるけど、よいところを見つけるのは、そのための目を磨いておかないとできない」と言っています。

相手の好きなところ・よいところを見つけられるかどうかは、相手の問題ではなく、相手を見る自分の器によります。他の人が気づかない、相手のよいところをあなたが見つけられたとしたら、あなたがいるところに相手の素晴らしい一面が表れるということです。それって、素敵なことですよね。

嫌いな人に囲まれているより、好きな人に囲まれているほうが、プラスエネルギーで自分の力も発揮できるでしょう。かといって、「この人やりにくいなぁ」と思っていた人のすべてを好きにならなくても大丈夫です。やりにくいところはやりにくいところでよしとして、「ここはいいね」と区別することができます。

繰り返しになりますが、相手の好きなところ、よいところを見つけるのを、相手のためにやると思うと、何だかおもしろくない気分になるかもしれません。

これも目的を間違わないことです。相手の好き・いいところを見つけるのはセルフエンパワメントのため、自分のためです。それが、結局相手のためにもなります。

◉意図的にプラスエネルギーの習慣を作る

人間は、理性の生き物でもなければ
本能の生き物でもない。
人間は習慣の生き物である。

ウィリアム・ジェームス

デューク大学の学者が２００６年に発表した論文によると、毎日の行動の45%が「その場の決定」ではなく「習慣」によるものだといわれています。ということはよい習慣は、よい人生につながるということです。

54ページでも述べましたが、人間は無意識でいるとマイナスエネルギーになるようにできています。このループに陥らないために、意図的にプラスエネルギーの状態でいる習慣を身につけておきましょう。

最も簡単で効果的なのは、「1日の終わりに、嬉しかったことを3つ書く」ことです。

これは無意識だとマイナス面にフォーカスしがちな脳の習慣を、**プラス面にフォーカス**

する習慣に変換するワークです。

自分がフォーカスしたものが人生に現れます。嬉しかったこと、幸せだと思ったこと、ありがたいこと、楽しかったこと、何でも結構です。頭で思い浮かべるだけでなく、書き出してください。アウトプットすることで脳はそれを事実として認識します。

そして、書く時に、嬉しいと思った時のシーンを思い出し、その嬉しさ、喜びを味わいながら書いてください。

脳は眠っている間に今日1日の出来事を整理するといわれています。「今日も1日楽しかった」と思いながら眠りに就くのと、「今日もつまらない1日だった」と思いながら眠りに就くのとどちらがよいか、言うまでもないでしょう。

幸せな気分で眠りに就けば、朝、幸せな気分で目覚めることができます。毎日毎日の積み重ねは、やがて大きな差になっていきます。

「楽しいことなんてそうそう起こらない」と思うかもしれませんが、今日も無事目が覚めたこと、美味しいご飯が食べられたこと、温かいお布団で眠れていること、そういう当たり前のことにも嬉しさ、ありがたさを感じられると、人生が嬉しい、楽しいことで満ちていきます。

「今日も3つ、嬉しいことを見つけよう!」と思うと、プラスに意識が向くようになり、これまでなら気づかなかったことにも気づけるようになります。それが習慣になり、あなたの人生を作っていきます。

さあ、**宝探しの気分**で、今日の人生の嬉しいこと、楽しいことを見つけましょう！

人間は自らの行動の中で自らを定義する。

ジャン・ポール・サルトル

【ワーク】専用のノートを用意して、1日の終わりに日付と3つのいいことを、嬉しさを味わいながら書いてください。

まずは3日やってみましょう。3日続けられたら、次は1週間続けましょう。21日間続けると習慣化するといわれています。私はこのワークを何年も続けています。効果抜群です！

もしかしたら、3つのいいことを書くというのは、他の本やセミナーでもいわれていますので、すでにやったことがあるかもしれません。目的が変わると成果も変わります。ぜひ、「プラスエネルギーにいる習慣を作るためにやるんだ」と意識して、新しい気持ちで始めてみてください。

新しい習慣を作る時は、すでに習慣にしていることとセットにしてやると、忘れずに続けやすいものです。夜、歯磨きをした後に書くとか、お風呂に入っている時に3つ考えて、お風呂から出たら書く、などです。

もし、ワークをすることを忘れてしまっても大丈夫。気にする必要はありません。3日坊主も7回繰り返せば、21日間になります。また始めればいいのです。忘れた自分を責めたらマイナスエネルギーになり、本末転倒です。目的は、プラスにフォーカスをする習慣づくりですから、自分を応援しながら続けましょう。

エンパワメントライフプログラムに参加された方は、お子さんと毎日寝る前に「今日のいいこと3つ」を言い合うようにしました。すると、お子さんがいろいろなことを話してくれるようになり、担任の先生からも、積極的になったと言われたそうです。そんなふうに、お子さんと一緒に取り組んでもいいでしょう。

このワークを続けることで、嬉しい、楽しいことにフォーカスすることが習慣となり、セルフエンパワメント力が身につきます。

ワークを実践した方から、次のような声も頂いています。

・落ち込みにくくなった
・落ち込んでもすぐ復活できるようになった
・イライラや不安が減り、楽しい時間が増えた
・周りの人が親切になった
・仕事の紹介が増えた
・諦めずに行動できるようになり、自分の行動力に驚いた

このように、さまざまな変化を生み出しています。ぜひ楽しんでワークに取り組んでくださいね。

②対処（即効性のある2つの対処法）

ここからは、「マイナスエネルギーになっている」と気づいた時の対処法を2つご紹介します。これを知っていることで、マイナスエネルギーからプラスエネルギーの状態に切り替えることができます。

対処はその場しのぎではありますが、予防と一緒にやることで効果を発揮します。先にご紹介したワークもあわせて取り組んでみてください。

◉切り替えるための行動を決めておく

「マイナスエネルギーにいる！」と気づいた時に、何をしたらいいんだろうとあたふたしなくていいように、切り替えるための行動をあらかじめリストアップしておきましょう。

落ち込んで力を失っている時に「どうしよう」と考えても、いいアイデアは浮かんでこないものです。おすすめなのは、落ち込んだ時に切り替えるための行動を、**プラスエネルギーの状態の時に決めておく**ことです。

例えば次のようなものです。

・美味しいコーヒーを飲む
・マイナスを洗い流すイメージで手を洗う、シャワーを浴びる
・お笑い番組を見る
・元気の出る漫画や本を読む
・お気に入りの音楽を聴く
・友人にメッセージを送って励ましてもらう
・ぷっと吹き出すような動画のリストを作っておいてそれを見る

・アロマを焚いて、ゆっくりお風呂に入る

このように、落ち込んだ時に、マイナスエネルギーからプラスエネルギーに切り替えるためにやることをリストアップしてください。

～切り替えるための行動は？～

もしかすると、中には落ち込んだ原因を探り、なぜそのようになったのかを考えるという方もいるかもしれません。ですが、これをやることで自分の状態はどうなるでしょう。ますます落ち込み、深刻になっていきませんか？ それでは意味がありません。

ポイントは、マイナスエネルギーにいると気づいたらいち早く切り替えることです。残念ながら、深刻さはマイナスエネルギーを増幅させます。深刻さを払拭し、切り替える方法を考えてみてください。

何をやっていいかわからない時は、次のことを覚えておいてください。

体の動きは感情と連動します。例えば、椅子に座って、がっかりした格好で「あぁ～楽しい」と言ってみてください。楽しい気持ちにはきっとならないでしょう。

次に、その場で天井を見てバンザイをして、ぴょんぴょん飛び跳ねながら「今日は最悪だ～！」と言ってみてください。最悪な気分になりませんよね。それどころか、なんだか笑えてきて、楽しい気分になります。何をしていいのかわからなければ、体を動かすのがおすすめです。

そして「場所を変える」ことも、とても有効です。誰かに何か言われて頭にきた時、その場にいるまま気分を変えるのは難しいものです。いったん席を外して、トイレに行って、ぴょんぴょん飛び跳ねてみるのはどうでしょう。

少し外に出られるのなら、散歩も有効です。肩を落としてトボトボと歩いていると、気持ちも落ち込んでいきます。

背筋を伸ばしてリズミカルに歩いてみましょう。20分も歩けば幸せホルモンのドーパミンが分泌されるそうです。時計のアラームを20分にセットして、散歩してアラームが鳴ったら、「あっ、ドーパミンが出てきた!!」と言ってみましょう。何だかパワーが湧いてくる気がします。

これらは意図的にやることが大事です。「この行動は、落ち込んだ気持ちをリセットするスイッチだ」と意識して行ってくださいね。

◉ポジティブなセルフトークを準備する

「セルフトーク」という言葉を聞いたことはありますか？　セルフトークとは、無意識に行われる自分との会話のことです。

私たち人間は、無意識でいるとマイナスエネルギーの状態になりやすいという特性をもっていることから考えると、無意識の会話=マイナスの会話といえます。そんなセルフトークを、私たちは1日に4万回もするといわれています。

例えば、「うまくいかなかったらどうしよう」とか、「こんなことを言ったら嫌われるのでは……」とか、心の中で思ったことは誰でもあるでしょう。ちょっとうまくいかない時に「また失敗した」「きっとダメなやつだと思われた」と呟くことはないでしょうか。この書籍を手に取ってくださった時も、「哲学なんて難しそう」とか「この本、役に立つのかな」とか、いろいろなセルフトークをしていたかもしれません。

そこで質問です。あなたのセルフトーク以外に、1日に4万回以上もあなたに話しかける人はいるでしょうか？

きっと、いないでしょうね。ということは、**あなたに一番影響を与える言葉**は、他の誰の言葉でもなく、あなたの言葉ということです。

周りが「できるよ」と言ってる。だけどあなたが「できない」と言っている。

周りが「無理だ」と言っている。だけど、あなたが「絶対できる」と言っている。

現実化するのは、どちらの言葉でしょうか。

もし、あなたに4万回以上話しかける人がいないのであれば、あなたに一番影響力をもつ発言は、あなたの発言です。

ネガティブなセルフトークはマイナスエネルギーを強化し、ポジティブなセルフトークはプラスエネルギーを強化します。セルフトークは私たちの現実を、そして未来を作り出します。ですから、あなたがプラスエネルギーにいることを選択するのであれば、ぜひポジティブなセルフトークをしてください。

ところが私たちは、無意識でいるとネガティブなセルフトークをしがちです。ですから事前に、あなたのポジティブなセルフトークを準備しましょう。そして、意図的に、そのトークを使いましょう。

私のセルフトークは、「また一つネタができた」です。実際にうまくいかないことは、私のメールマガジンのネタによく使います。元サッカー日本代表の本田圭佑さんは、「情熱は足りているか」、明石家さんまさんは「生きているだけでまるもうけ」をセルフトークとして使っているそうです。

～あなたのセルフトークは？～

あなたのオリジナルのセルフトークを作ったら、それをすぐ見えるところに貼っておくといいですね。

「あっ、ネガティブなセルフトークをした」と思ったら「今のキャンセル」と言って、自分で用意したポジティブなセルフトークを使いましょう。セルフトークを使う時は、「このトークでマイナスをプラスに切り替えるんだ！」という意図をもって、**自分にエールを送る**つもりで使ってください。

ただ、１点注意があります。ポジティブなセルフトークが効力を発揮する時と、そうでない時があります。

「イメージする→言語化する→実現する」

これが、物事が現れる順番ですが、私たちの実社会では、そう簡単にはいきません。なぜなら、イメージして言語化したとしても、言葉と思考にズレがあると行動が起きないからです。「やるぞ！」と言葉にしても「どうせ無理だよ」と考えていたとしたら、行動できなくて当然です。ですから、大事なのは言葉と思考のベクトルを合わせることです。

例えば、よくピンチはチャンスだということをいわれますが、落ち込んでいる時に、急にパワー全開で「チャーンス！」と自分に言ったとしても、思考は、まだそのパワーに追いつくことができず、言葉と思考のズレが起きて、よけい動けなくなります。ですから、自分の状態に合わせて、傷ついた友達に声をかけるように最初は「大丈夫、できるよ」という意図で優しく「チャンス」と話しかけてください。そして、少し元気が出てきたなと感じたら、次は少しパワーを入れて「チャンス！」と声をかけるというふうに、徐々に言葉の強さをパワーアップさせていってください。

もし「落ち込んでるな」と気づいたら、あなたのポジティブなセルフトークを使うチャンスです！　そう思うと、うまくいかないことも、ちょっとワクワクするかもしれませんね。「やらなければいけないこと」ではなく、「やったらどうなるかなぁ」とゲーム感覚で、楽しんでやってみてください。

【ワンポイントアドバイス①】未来の自分と会話しよう

ここまで対処の話をしてきましたが、普段の自分の言葉の中でも、特に「**質問の質**」が私たちのエネルギーを左右しています。なぜなら、人間の脳は、検索エンジンと同じだからです。

例えば、グーグルやチャットGPTに「落ち込む理由は？」と質問をすると、「睡眠不足」「人間関係の悩み」「経済的な問題」など、答えは山ほど出てきます。これは、人間の脳も同じです。

困難な状況に遭遇した時に、「どうしてうまくいかないのだろう?」と自分に質問すると、「あの時これをやらなかったから」「あの人が協力してくれなかったから」など、うまくいかない理由が山のように出てきます。このような状態で、自分をプラスのエネルギーにすることは難しいのです。

逆に、「うまくいくにはどうしたらいいだろう?」と自分に質問すれば、「あの人に相談したら?」「今度はこちらのやり方でやってみたら?」など、うまくいく方向へ導く方法が浮かんできます。

「どうして」は過去との会話です。もしこの先の未来をよりよくしたいのであれば「どうしたら」と、未来との会話をしてくださいね。

私たちは、言葉によって世界を振り分けている。

フェルディナン・ド・ソシュール

【ワンポイントアドバイス②】朝のスイッチオンを習慣づける

気分は考え方次第で変えられる。

ルートヴィヒ・ウィトゲンシュタイン

あなたがプラスのエネルギーでいることを選択する時に、意識してほしいのは「**行動の起点**をどこにするか」です。行動の起点は、大きく分けて2つです。

①結果・出来事 → エネルギーの状態 → 行動
②エネルギーの状態 → 行動 → 結果・出来事

①は「結果や出来事」が行動の起点になる人たちです。嬉しいことがあったら気分が上がり、行動が起こる。困難が起きると気分が下がり、やる気が出ず行動が起こらない。つまり、結果次第、出来事次第です。この時人生の舵を握っているのは、結果や出来事であって、自分自身ではありません。この状態は、舵を結果・出来事に明け渡して、自分の人生を生きることを放棄した犠牲者といえます。

②は「エネルギーの状態」を起点にできる人たちです。この人たちは、自分で自分のエネルギーの状態をコントロールすることができます。マイナスエネルギーだと気づいたら

プラスエネルギーに意図的に切り替えることができます（106ページ参照）。プラスエネルギーを選択すれば、行動は自然に起きます。マイナスエネルギーを選択すれば、行動は起きないか、行動するために多大な努力を必要とするでしょう。この選択を意図的にできると、ちゃんとそれに見合う結果や出来事が起こります。人生を決めるのは結果や出来事でなく、自分のエネルギーの状態です。

もし、あなたがエネルギーの状態を起点に1日を始めるとするなら、それをサポートする最も効果的な方法があります。それが「朝のスイッチオンの習慣」をつけることです。朝を何となく始めるのでなく、「よし、今日はプラスエネルギーの自分でいくぞ！」と、スイッチを入れるのです。

例えば想像してみてください。朝コーヒーを淹れた時に、急いでいてコーヒーをこぼしてしまった。そんな時、多くの場合、朝少ししくじっただけなのに「今日はついていない」と、今日1日がついていないことにしがちではないでしょうか。

朝の出だしをしくじったことで、立て直すのに半日かかったり、朝テレビで見た占いで順位が最下位だったというだけで「今日は最悪な1日だ」と思ったりした経験もあるかもしれません。ですから、朝、どこでスイッチオンをするのかが、その日をどう彩るかに非常に影響があります。あなたは、朝どこでスイッチを入れますか？

新しい習慣づくりは、3つのいいことワークのところでお話した通り、普段やっていることと紐づけて行うのが習慣化のコツです。

私の場合は、朝、神棚に向かって祝詞をあげるので、その時に「スイッチオン！」をしています。エンパワメントライフプログラムの受講者の中には、毎朝シャワーを浴びる習慣があるので、シャワーから出たら「スイッチオン！」をする方もいらっしゃいます。他にも朝起きてベッドから床に足をつけた時、歯を磨いた時、顔を洗った後に鏡を見てニコッとした時など、人それぞれです。ぜひ、スイッチオンの儀式をやってくださいね。

その際に1つだけ、注意事項があります。

「よし！　明日から朝のスイッチ入れるぞ！」「プラスでいる習慣を作るぞ！」と決めたからといって、いつもプラスエネルギーでいなければいけないわけではありません。

「ねばならない」は、自分への脅迫であり、マイナスエネルギーを湧き上がらせます。

大切なのは、自分のエネルギーの状態に気づいたら、その時に「プラスにいる？」「マイナスにいる？」と選択をするだけです。時には「今日はもう疲れたからいいや」と、マイナスエネルギーを選択しても問題ありません。「ねばならない」という義務にするのではなく「どっちでも大丈夫」という寛容さをもってください。そして、自分がとった選択に責任をとってください。

「ねばならない」がなくなると、自分との関係だけでなく、人との関係や社会との関係にも大きな影響をもたらします。相手、環境、状況次第の人生ではなく、自分の本当に望む関係を構築できるようになります。すでにお伝えした通り、すべての関係は、自分との関係が土台です。意図的にエネルギをー選択して人生の主導権を握りましょう！

世界には君以外には誰も歩むことのできない
唯一の道がある。

フリードリヒ・ニーチェ

「幸せな私」から始めよう

成功は、幸せの鍵ではありません。
幸せが成功の鍵です。

アルベルト・シュバイツァー

自分との関係の質をより向上させるために、最も大事なお話をします。ここでお伝えしたいのは、あなたは**何にスポットライトを当てるのか**ということです。どれだけプラスエネルギーにいる習慣を作ろうと思っていても、これができていないとうまくいきません。

世の中には「何となく生きている人」と「意図的に生きている人」の2つのタイプの人がいます。

「何となく生きている」は、「無意識に生きている」と言い換えることもできます。無意識で生きている人は、マイナスエネルギーになりやすいので、きっと今に不満を感じているることでしょう。そして、「あんなことがあったから」「あの時にああしておけば」「あんな家に生まれなければ」「社会がもっと変われば」と、過去にも後悔や恨み、怒りを感じがちです。今に不満があり、過去にも後悔や恨み、怒りを感じている人の未来は、きっと将来に対する不安でいっぱいでしょう。

では、「意図的に生きている人」はどうでしょうか。このタイプの人は、プラス面にもマイナス面にも自分の選択でフォーカスをすることができます。その時に初めて、今の幸せを見つけることができます。

今、幸せを感じている人は、過去にうまくいったことは自信になり、うまくいかないこ

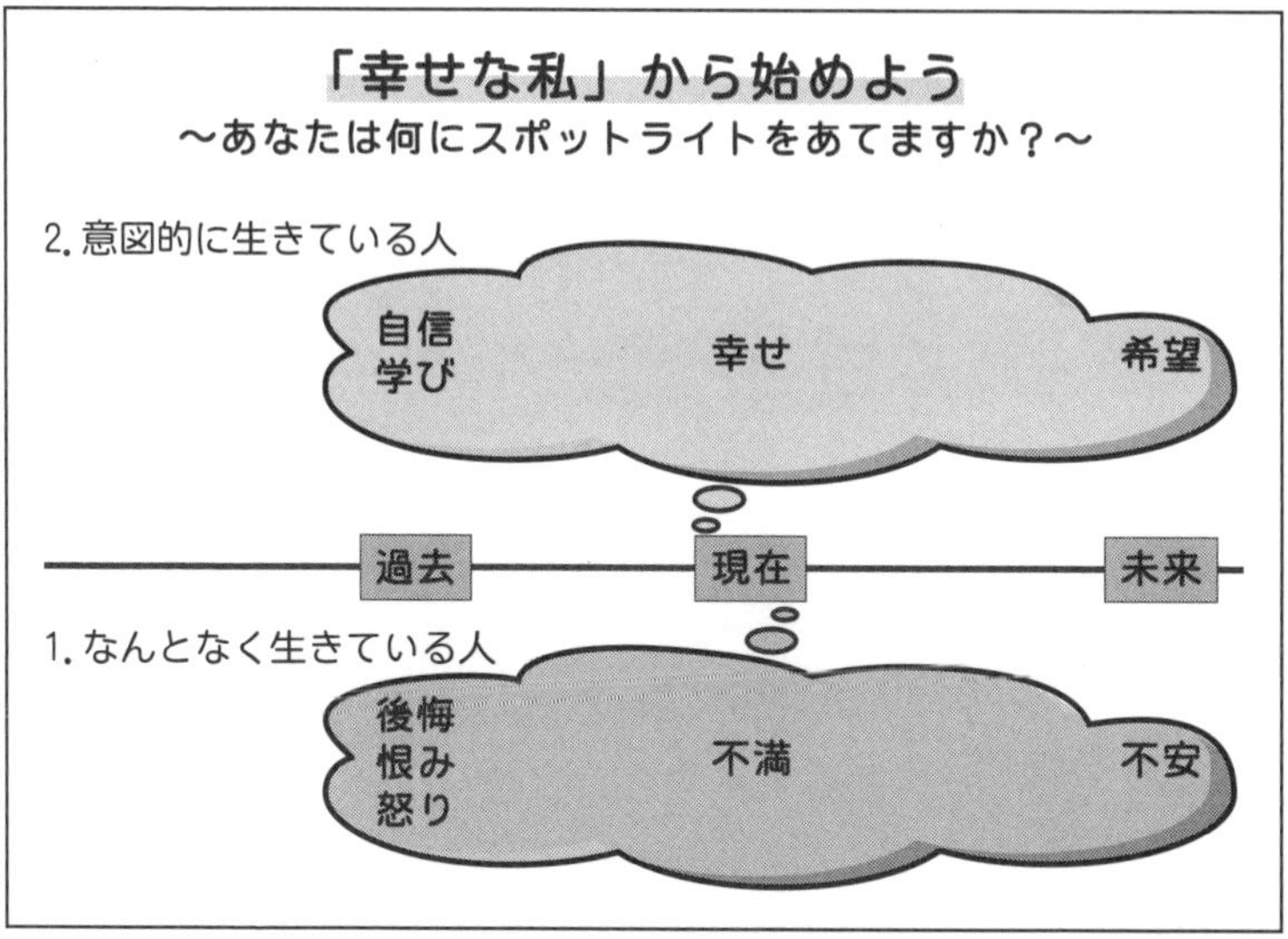

とは学びとなり、「あのおかげで今の自分がいる」と感謝することもできるでしょう。そうしたら、未来に希望を見出すことができます。

これまで何度かお話ししていますが、この世界に真実はなく、あるのは解釈だけです。

無意識でいると、マイナスエネルギーになりやすいのが人間です。マイナスエネルギーの中で生きている人は、マイナスのメガネをかけて世の中を見て、過去に起こった出来事を、あんなことがあった、こんなことがあったと解釈し、あたかもそれが真実だとしています。

解釈を決めているのは自分の世界のとら

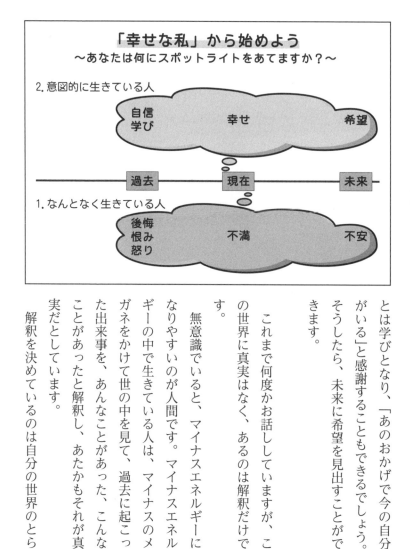

え方ですから、これがシフトすると、現れる世界が変わります。

私たちが語る過去も、未来も、今の自分が作り出している解釈です。今の世界のとらえ方を変えたら、過去も未来も一気に変わります。今を全肯定できたら、過去も未来も肯定できます。

逆にいえば、今の世界のとらえ方を変えずに、過去の記憶の一部だけを塗り替えても、過去を見ている今の自分が変わらなければ、何も変わりません。

今が幸せだと言える時、過去のすべてが自分の味方になります。そして、未来に希望をもつことができます。だったら幸せにフォーカスして、「幸せな私」から始めませんか？

何かが解決したら幸せになるのでも、何かが手に入ったら幸せになるのでもなく、プラスエネルギーの自分で**「今、幸せな私」を選択**することができます。

そして、幸せな人は、周りの人も幸せにします。そういう人の周りには、人もチャンスも集まります。

幸せな人は、他人の幸せを求める。
不幸せな人は、他人の不幸せを欲する。

アルベルト・シュバイツァー

どんな時も自分の応援団長でいよう！

そうはいうものの、これから死ぬまで、ずっと「今幸せな私でいてください」と言われると、「できるかなぁ」「無理かも」と思うかもしれません。でも、今、１秒でいいから幸せな私になるのなら、できそうではないでしょうか。

人生とは、結局、毎日の繰り返しであり、毎日は、この瞬間の繰り返しです。この瞬間を幸せという色にするか、不満という色にするかは自分で選べます。

そしてその１秒が、明日には５秒になるかもしれません。繰り返せば、来週には30分になるかもしれません。

意図的に選択をする人生と、無意識に流される人生では、人生の彩がまったく違います。

繰り返しになりますが、これを「やらなければならない」にしてしまうと、マイナスエネルギーになります。「やりたいからやる！」そして「喜んでやる！」。それこそが、人生の創作者へのプロセスです。

うまくいかないことがあるたびに、自分を責めたり否定したりしていたら、ますますマイナスエネルギーになって、チャレンジを続けることは難しくなります。ですから、うまくいかない時にこそ、自分を応援してください。うまくいかないことが起きるのは、それこそがチャレンジの証です。チャレンジの勲章です。

「あ、マイナスエネルギーになっている」と気づいたら、この章でお伝えした、マイナスエネルギーからプラスエネルギーに転換する方法を試してみてください。そして、またチャレンジを続けましょう。

人は自分にやることを人にもやります。うまくいかない自分を無意識に否定して裁く自分から、励ます自分にシフトすれば、周りの人にも自然に同じことをやり始めます。

今日からあなたが、**あなたの最高の応援団長**になりましょう！

新しい進歩には怖さあり。

ゲオルク・ヘーゲル

第４章

勝ち負けの競争から活かし合う共創の関係へ

競争の世界VS共創の世界

キミの生き方が世界そのものだ。
ルートヴィヒ・ウィトゲンシュタイン

3章までは、エンパワメントな関係とディスエンパワメントな関係のお話をしてきましたが、この章ではそれらを少し違う角度から見てみましょう。

今、私たちが生きている社会の構造は資本主義です。資本主義とは、いってみれば勝ち負けの「競争の世界」です。資本主義は、土地やお金、マーケットなどを、他の人よりも多く所有している人が優れている、と判断される社会構造です。社会の中に上下関係があり、自分の知識やノウハウは自分のために使い、所有しているものを他の人に与えると自分のものが減るという考え方です。この社会の構造の中に生きている人は、自分が持っているものを他の人に奪われないために守り、他の人よりも優れていることを示すために力を使っています。

一時期、ニュースでパワハラ問題が盛んに取り上げられていましたが、これはまさに、勝ち負けの社会構造の中に生きているからこそ起こる問題です。勝ち負けの世界で勝ち上がり、トップに立ったリーダーたちは、トップの座を守るのに必死です。なぜなら、トップの座を他の誰かに奪われることは、負けを意味するからです。

ですから、自分の地位を奪われないために、もし自分の立場を揺るがすような優秀な若手が出てきたら、相手を抑えつけ、自分の周りには言うことを聞くイエスマンばかりを集める……。そんなことが起きています。彼らにとって、野心のある優秀な人材は、自分の立場を揺るがす強敵として映っています。リーダーの関心は、自分の立場を守り、他の人よりも優位に居続けるため、この社会の中で生き残るために、自分だけが輝くことです。

このような思考をもっているリーダーが周りの人と築くのは、まさにディスエンパワメントな関係。3章のあり方のマップでお話ししたレベル3の「プライド」以下、「自分さえよければ」が、この「競争の世界」です。

それに対して、「共創の世界」は、これとは真逆の世界です。

意見の違いや才能の違いは、排除するものではなく、**活かし合うもの**として現れます。

トップのリーダーが自分の思うように部下たちをコマのように扱うのではなく、組織やチームが一丸となり、一つの目的に向かって、お互いの才能や知恵を活かしてよりよいものを構築し、新たな価値を創り出していく世界。これが「共創の世界」です。

ここに5本のろうそくがあります。

真ん中のろうそくが、あなたです。あなたのろうそくに火がついていない時は、周りのろうそくが「火をつけて」と言ってきても、火をつけてあげることはできません。周りに火をつけるには、まず、あなたに火がついていること（＝あなたが輝いていること）が必要です。あなたに火がつくことで、周りのろうそくに火をつける（＝輝かせる）ことができます。第3章のあり方のマップでお話しした、レベル4の「勇気」以上、「自分も人もよくあろう」とするレベルがこの世界です。

勝ち負けの世界は、規模の限られた市場の中で他社と競合して、売上やシェアを取るか取られるかの状態です。パイの奪い合いですから、人に与えれば自分の

パイがなくなってしまいます。しかし、ろうそくの世界では、人に火をあげても自分の火は消えません。むしろ、周りに火を与えることで、その場がもっと明るく光り輝きます。そして、それで終わることはありません。火がついたろうそくは、また別のろうそくにも火を分け与えるようになり、その火の輝きは、無限に広がっていくのです。

勝ち負けを離れた第3のポジション

大きな物語の時代は終わった。
ジャン・フランソワ・リオタール

前述した通り、勝ち負けの世界の中では、勝つか、負けるかという2つの選択肢しかありませんでした。ですから、敗者になりたくなければ「勝つ」というポジションに自分の身を置く必要があったのです。

ろうそくの光が広がる世界は、勝者でも敗者でもない第3のポジションです。それは、**自分が輝くほど周りも輝く「共創の世界」**です。

日本には素晴らしい文化があります。控えめで、つつましやかで相手の意見を受け入れる謙虚さ。そして、自分を偉い者と思わず、へりくだることで相手を立てる謙遜。ですが、この素晴らしい文化も行き過ぎてしまうと、「相手のことよりも自分のことを優先するのは自分勝手であり、自己中心的で悪いことだ」という考え方になります。

才能や手腕があって頭角を現す者や、さし出たことをする者は、とかく他から憎まれたり、人から非難されたりするということを表現した「出る杭は打たれる」の諺が、まさにそれを示しているともいえますね。

しかし、自分が成功することで周りも成功することができるなら、それは自分勝手なのでしょうか。**自分が成功すればするほど周りが豊かになる**のであれば、才能を発揮し、愛され、幸せに成功することを控える必要はないと思いませんか？

大きな組織が世界を動かしてきた高度経済成長期は、強いワンマンなリーダーが必要でした。しかし、個性を尊重する多様性のある今の時代に求められるのは、ワンマンなリーダーではありません。必要なのは、自分だけでなく周りも輝かせるリーダーです。実際に、自分が活躍するだけでなく周りの活躍を支援する人は、どこでも高い評価を受けています。

例えばエンパワメントライフのプログラムに参加した雅美さん（仮名）。彼女は大変優秀な方で、プログラム受講中に大型プロジェクトを完遂し、大成功を収め、社内で上位20％の評価を得ました。翌年は大型案件がなく、前年ほどの成果を上げられなかったため、評価が下がるのでは……と不安に思っていました。ところがふたを開けてみると、真逆の結果になりました。雅美さんはさらに評価を上げ、上位２％の評価を受けたのです。

想定外の評価に驚いた雅美さんは、理由を上司に尋ねたところ、その上司から「チームに好影響を与え、チームを成功させたからだ」と言われたそうです。これまで雅美さんは、このような評価を受けるには、もっと大きなプロジェクトに携わって、もっと大きな結果を出さない限り無理だと思っていたそうです。

「結果を出しても、会社から思った評価をされないと思っていましたが、これまでの評価は妥当だった」と彼女は振り返っています。

世の中で、自分だけが結果を出す人は山ほどいます。ですが、その人が周りに好影響を与えるかといったら、必ずしもそうではありません。

もし彼女が「自分さえよければ」と手柄を独り占めしようとしたなら、こういう結果は生まれなかったでしょう。周囲の人の才能を見出し、それを輝かせたからこそチーム全体の数字が上がり、それが雅美さんの評価として返ってきたのです。

「よかれと思って」が関係を壊す

自分と相手が違うということは、誰しもが理解していることだと思います。ですが、「どのように違うか」までを事細かく認識できているでしょうか。

例えば、「自分がされて嬉しいことを、人にもやりなさい」といった言葉をどこかで一度は耳にしたことがあるかもしれません。しかし、これは本当でしょうか。

相手を喜ばせようと思って、自分がされて嬉しいことをやったのに、相手がまったく喜んでくれなかった、それどころか不快な態度をとられた。そんな経験はありませんか？

私は、ウエディングプランナーの会社を運営していた頃、スタッフに新しいチャレンジをする機会を提供していました。なぜなら私が好奇心旺盛なタイプであり、常に同じことをやるよりも、どんどん新しいことにチャレンジすることが大好きだったからです。だから、きっとスタッフも、そういう機会を喜んでくれると思っていました。

ところが、チャレンジする機会を与えれば与えるほど、明らかにいやな顔をするスタッフが現れ、ある日、面と向かって「社長はいつも思いつきでものを言うから困る……」と言われたのです。当時は「せっかく彼らのためにと思って提案しているのに！」と、頭に来て怒っていました。今だからわかりますが、彼女は私と逆の思考パターンで、すでにあるものをコツコツと育てることに喜びを感じるタイプだったのです。

これは、**「私が嬉しいことは、相手も嬉しいはず」**という思い込みと、自分と相手は違うとわかってはいても、何がどう違うのかを私が理解していなかったために起こった悲劇の一例です。

よかれと思ってやったことや言ったことが裏目に出て、相手にいやな思いをさせ、相手との関係を悪くしてしまうのは、本当に残念なことです。相手のためを思って気を遣えば遣うほど、相手との距離は縮まるどころか開いていくわけですから。

ですが、この問題を解消する方法があります。このような問題は、自分と相手の違いを知るための見取り図がないからこそ起きてしまうものです。

そこで活用していただきたいものが、1章で採り上げた「哲学者占い」です（哲学者占い®　https://uranai.empowerment-life.com/）。

哲学者占いは、自分と相手の思考パターンの違いを理解することができます。自分はどのような思考パターンをもっているのか、人間関係を築く時にどこを意識すればいいのか、ステージアップする時に必要なことは何か、などを知ることができます。

この見取り図があることで、「意見の食い違いは、もともともっている思考パターンの違いだったのか」「あの人は、こういうことを大事にしている人なのか」など、自分と相手を観察し、俯瞰して見ることができるようになります。そして、相手の思考パターンに合った対処ができるようになり、相手との良好な人間関係を築くことができます。

もしかすると、これまでは誤解や対立を避けて、当たり障りのない関係しか作れなかった相手との関係が、お互いのいいところは活かし合い、足りない部分は補いサポートし合い、**新しい価値を作り出せる関係**へと進化する可能性が生まれるかもしれません。

自分と相手の思考パターンを知ろう

では、哲学者占いの活用方法をお伝えしていきます。哲学者占いは、思考パターンを12分類していますが、図のように、上下左右に4分割することができます。4つのカテゴリーに分けて考えることで、おおよその相手の思考パターンを推測し、活用ができます。

例えば上下に2分割すると、「未来志向」と「経験志向」に分けることができます。左右では「左脳派」と「右脳派」に分けられます。つまり、右上が「未来志向＋左脳派」、

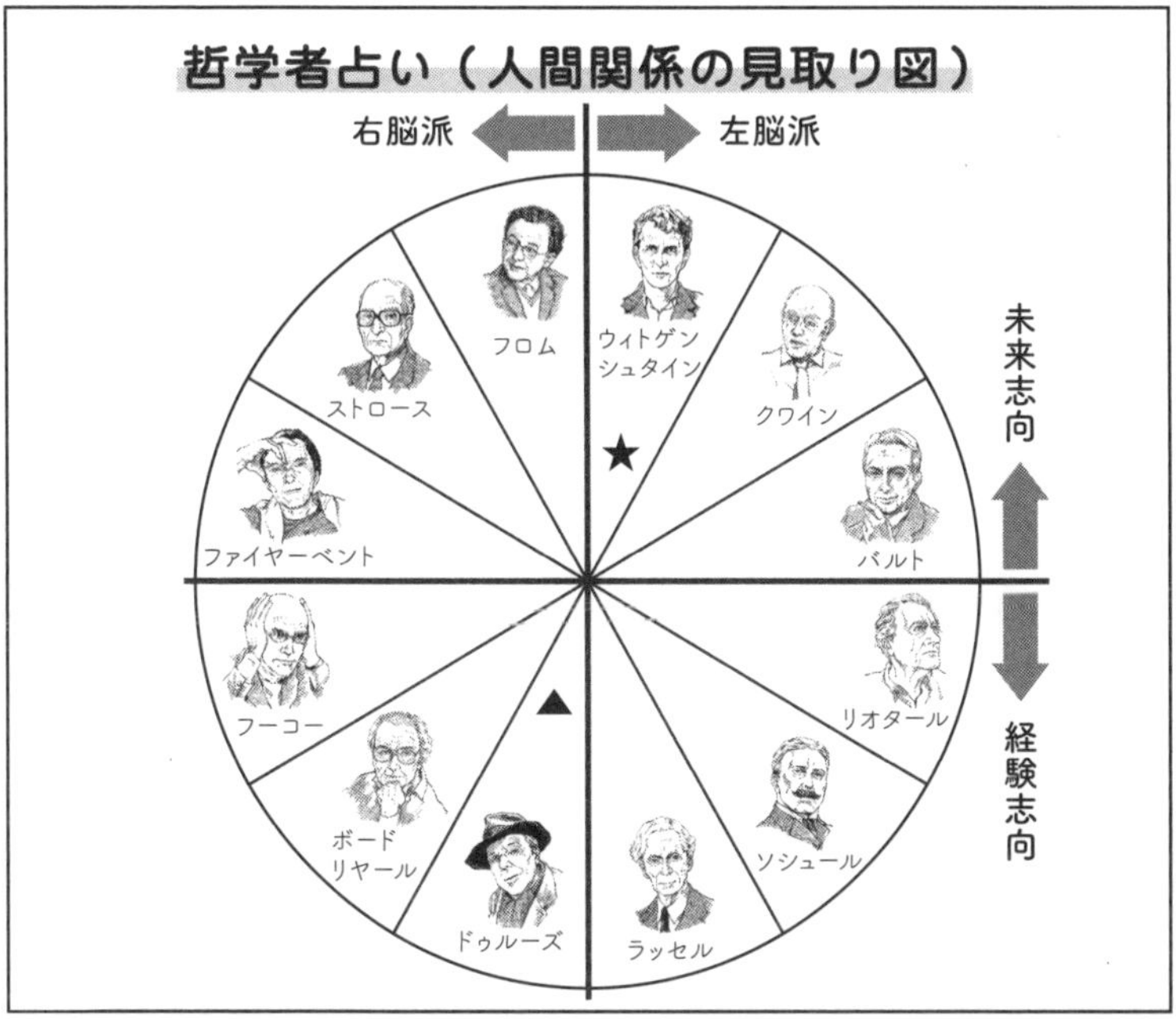

右下が「経験志向＋左脳派」、左下が「経験志向＋右脳派」、左上が「未来志向＋右脳派」になります。

未来志向と経験志向、左脳派と右脳派の違いを137ページの表にまとめました。

これらの違いを認識できていないと、意見の違いが対立となり、ディスエンパワメントな関係しか構築できなくなります。

例えば、★のウィトゲンシュタインと▲のドゥルーズは、まったく真逆のタイプに分類されています。ウィトゲンシュタインは、「未来志向＋左脳派」です。このタイプは何か物事を考える時、意識をしなくても、勝手に未来に思考が向きます。これまでの経験よりも、この先どうなるのか、常に希望的な観点に立って物事を考えます。現実社会の中で結果を作り出すのが得意な左脳派ですから、人の気持ちを察するよりも論理的な思考で問題を解決していきます。

「未来志向＋左脳派」の中でも特にウィトゲンシュタインは、好奇心旺盛で行動力があり、長期的に何かを成し遂げるよりも短期決戦型で、思い立ったら即行動に移すタイプです。じっとしているのが苦手で、忙しくしていたほうが疲れないパワフルな人です。

それに比べて、ドゥルーズは「経験志向＋右脳派」です。何か物事を考える時は、過去の経験に意識が自然と向きます。そしてロジックよりも感情や直感に優れている右脳派なので、現在の状況を総合的にとらえ、直感や感情に基づいて物事を判断していきます。周りの空気を察することができるのも、この右脳派タイプです。

ウィトゲンシュタインと真逆に位置するドゥルーズは、長期的視点をもち、思い立ったら即行動なんてしません。慎重にじっくりと作戦を練って、常に最悪な事態を想定し、念入りに準備をしてから行動をします。石橋を叩いて渡るという諺がありますが、まさにそのタイプです。ドゥルーズは、人の心理を見抜くのが得意なため、苦手な相手でも何となく場を楽しませることができます。

未来志向	経験志向
・楽観的 ・ビジョンを描いて進む ・常に希望的な観点 ・「なんとかなるさ」と楽観的でプラス思考 ・好奇心がある ・既成概念にとわられず新しいアイデアにチャレンジ ・行動力がありスピーディー	・慎重 ・石橋を叩いて渡る ・過去の経験や失敗から教訓を得て次に活かす ・一見、悲観的にもみえる ・経験のないことに取り組むのは苦手 ・具体的な目標設定と計画策定に基づき行動 ・確実性を見出すまで行動しない

左脳派	右脳派
・思考ベース ・分析力や推論力が高い ・論理的思考 ・数字や計算に強い ・目標に対して計画をたてて進める ・現実社会の中で結果を出す ・論理的に納得しなければ考えを曲げない	・感情ベース ・創造的 ・直感的な洞察力 ・独自のアイデアや視点を生み出す ・直感や感情に基づいて判断 ・感情や雰囲気に敏感 ・人の気持ちを察する ・物質的な満足より精神的な満足を優先

あり方のレベルで関係が決まる

この哲学者占いから、同じ人間であっても、ベースとしている価値観がまったく異なることが分かります。また、自分がどのあり方のレベルにいるかで、相手との関係が決まります。例えば、あり方のマップのレベル3以下の場合、相手との違いは「私が正しくて、相手が間違っている」となります。レベル3以下のウィトゲンシュタインタイプが、ドゥルーズタイプに対して「これをやってみたら？」とアドバイスした時、ドゥルーズタイプの人が慎重すぎてまったく行動しないと、「やってみないとわからないんだから、まずはやろうよ！」と言いたくなるかもしれません。

逆に、ドゥルーズタイプは、ウィトゲンシュタインタイプの人に対して「そんな思いつきだけで、ちゃんと考えもせずに物事を進めるのは危険だよ。もっと最悪な事態も考えて慎重に行動しようよ」と言いたくなるかもしれません。

これが、あり方のレベルが4以上になると、関係はまったく別の現れ方をします。

なぜなら、ウィトゲンシュタインタイプが未来に向けてビジョンを語り、人を巻き込み、ドゥルーズタイプがしっかりとその作戦を練って、長期的スパンで着実に前に進めていくことができるからです。そして、周りをケアしながら仲間と一緒に形にしていく。そんなふうに、それぞれの特性がお互いの不足を補い合うことで、関係は「対立」ではなく「活かし合う」最強のコンビになります。

これまで、自分と人は違うと思っていても、何がどう違うのかは明確ではなかったかもしれません。ですが、あなたは今、新しい視点として見取り図を手に入れました。この見取り図を、自分がされて嬉しいことを相手にするのではなく、相手に合わせて、その人が喜ぶことは何かを考えるツールとして活用してください。お互いの違いを批判や対立でなく、活かし合うヒントにもなるでしょう。

この見取り図の最大の目的は、相手の思考パターンを正しく当てることではありません。4つの分野をとっかかりにして、相手と意見が違った時に、無意識に反応して自分の正しさを主張するのでなく、「この人はどの分野の人だろう」と一拍おいて観察してみることに価値があります。**観察は、俯瞰の訓練**であり、あり方のレベルを上げることにつながります。観察することで、自分と感情の間に少し隙間ができて、感情に流されることがなくなります。「この分野の人なら、こういうふうに話をしてみようか」というように工夫をすることは、思考の柔軟性につながります。もしかしたら、これまで見えなかったその人の魅力を発見できるかもしれませんね。

**観察とは、考えるためのあらゆる材料を
知性に提供することである。**

ジョン・ロック

自分の影響力に責任をもつ

人は、必ず誰かに何かしらの影響を与えています。「この人がいると場の雰囲気が明るくなる」という人もいれば、「あの人がいると空気がどんより暗くなる」という人もいます。「影響力をもちたい」という人がいるとしたら、この人が考える「影響力」とは、多くの場合、前者のよい影響のことを指しているのではないかと思います。しかし、影響力は両面あり、マイナスの影響を与えてしまうこともあります。マイナスの影響を与えると、「あの人がいると場の雰囲気がよくないから……」と、次にお声がかかることはありません。ですが、誰も周りにマイナスの影響を与えようと意識的に行動している人はいません。そ

れなのに、なぜマイナスの影響を与えてしまうのでしょうか？

それは、自分の状態が、その場のエネルギーとなって現れているから。ただそれだけです。

無意識に何となく生きていると、そんなつもりはなくても周りにマイナスの影響を及ぼしています。ですから、自分で今、どちらの影響力を発揮しているのかを自覚し、その影響力に責任をもつことが、**最低限のマナー**ともいえます。


影響力は、「人との関係」の質を向上するために大事なポイントの一つです。自分がもっている影響力に責任をもつことで、周りとの関係は明らかに変わります。

「私なんて影響力ないです」と言っていると、自分が周りに与えている影響に気づくことができず、マイナスのエネルギーを周りに振り巻き続けます。当然それでは、周りといい関係は作れません。


無意識でいると、マイナスエネルギーになりやすいのが人間です。だからこそ、よい影響を与える自分であるためには、無意識に1日を過ごすのでなく、「今日1日、自分は最高に幸せな自分でいよう、上機嫌でいよう」と、自分のあり方を意図的に選択することが大切です。

そのためにも、115ページでお伝えした朝のスイッチを入れる習慣を実践してくださいね。

相手の機嫌に振り回されない自分を育てる

人間は考える葦である。

ブレーズ・パスカル

成功の最大の秘訣は、他人や状況に振り回されない人間になることだ。

アルベルト・シュバイツァー

朝のスイッチを入れ、最高の自分で1日を始める。そう決めた時に、それをはばむ罠がありますので、お伝えしておきます。

例えば、せっかく気分よく1日を始めたのに、一緒にいる人の機嫌が悪いせいで、こちらまでいやな気分になった。そんな経験はないでしょうか。

この状況は、特に夫婦や家族など、身近な関係で起きがちです。お互いにイライラして、ちょっとした小競り合いをしたり、口もきかずに部屋に閉じこもったりして、「せっかく気分よく1日を始めたのに、あの人のせいで台無しになった」と文句を言っていると、ますますマイナスエネルギーになってしまいます。これでは、自分のご機嫌は「相手次第」になってしまいます。**あなたの人生なのに！**

この罠をぶち壊す方法をお伝えします。

まず、自分と相手の関係を、4つに分けて考えてみましょう。

①　自分は機嫌がいい○　相手も機嫌がいい○
②　自分は機嫌がいい○　相手は機嫌が悪い×
③　自分は機嫌が悪い×　相手は機嫌がいい○
④　自分は機嫌が悪い×　相手も機嫌が悪い×

①は、2人とも機嫌がいいので、最高の関係ですよね。そして④は2人とも機嫌が悪い、最悪の関係です。その間に②と③があります。一方は相手の機嫌が悪く、もう一方は相手の機嫌がよい状態です。

この時に、相手の機嫌をコントロールしようとして「何でそんなに不機嫌なの？」などと言おうものなら、関係はますます悪化しますのでご注意ください。

では私たちにできることは、何でしょうか。

私たちが唯一コントロールできるのは、自分のエネルギーの状態だけです。自分の状態を起点に「私は機嫌よくいよう」と決めたら③と④は消え、残るのは、①と②です。

①自分は機嫌がいい○　相手も機嫌がいい○
②自分は機嫌がいい○　相手は機嫌が悪い×
~~③自分は機嫌が悪い×　相手は機嫌がいい○~~
~~④自分は機嫌が悪い×　相手も機嫌が悪い×~~

①は、両方ご機嫌なのですから問題ありません。②は「私は機嫌よくいよう」と決めれば、相手にかかわらず機嫌がよいはずです。機嫌がいい人を前にして、ずっと機嫌が悪くいられる人はそういません。こちらが機嫌よければ、そのうち相手の機嫌もよくなります。そして、「私は機嫌がいい」と決めて続ければ、自分の機嫌はいいのですから問題なしです。
この方法は、ウエディングプロデュースの仕事をしていた時代に、何人もの新郎新婦にお伝えして、大好評でした。

この方法のいいところは、**相手を変えようとしなくなる**ことです。人は、変えようとされると抵抗し、関係は悪化し、イライラが募り、関係は悪くなるばかりです。

相手を変えようとしなくなると、不思議なことに、相手は変わります。特に、夫婦やパートナーなどの身近な関係が温かな関係になると、他の関係にも波及し、仕事でこれまでに出したことがない成果を出すことにつながることもあります。ぜひ実践してみてください。

「感情の奴隷」から脱却する方法

これまでにもお伝えしている通り、相手を変えることができないのと同様に、相手があなたをどう扱うかを、私たちはコントロールすることができません。だとしたら、私たちに唯一できることは何でしょうか？

それは、感情に振り回されないことです。これは自分で決めることができます。

例えば、人の言動にカッとして感情的になり、思わず反論したり、ついキツイ言葉を使ったりして人間関係をこじらせてしまい、後々まで後悔することになった……。そんな経験は、これまでの人生の中で誰しもが一度はあることだと思います。

思考が感情に乗っ取られることで、出来事への反応として沸き上がる感情に振り回され、制御不能になっている状態を、私は「感情の奴隷」と表現しています。

感情に振り回されないためには、**事実と解釈を区別する**ことが大切です。「事実」は、実際に起きたことです。「解釈」は事実にまつわる説明、記憶であり、これらは頭の中にあることで実態はありません。

何か出来事が起こった時、多くの場合、事実と解釈がごちゃごちゃになって、そこに怒りや、悲しみ、憤りといった感情がまとわりつき、それを真実だと思い込んでしまいます。それは、人間が無意識にやっていることなので、何となく生きていると、そこに気がつくことができません。しかし、第1章でお伝えした通り、私たちは「この世界に真実はない。あるのは解釈だけだ」ということを、すでに知っていますよね。

意識的に「これは事実ではなく解釈だよね」と考えることができると、出来事と感情の間に少し隙間を作ることができます。そうすると、瞬時に感情に支配される、ということがなくなります。実際、それが簡単にできれば、人間関係に悩んだりしないはずです。

ここで思い出していただきたいのは、解釈は何によって決まるかということです。

解釈は、私たちの頭、わずか15センチの間（脳）で決まり、それをさせているのは他の人よりも優位でありたいという「力への意志」です。解釈だけを書き換えても問題は起こり続けます。ですから第2章で「あり方のレベル」に取り組み、解釈を決めているものの正体を紐解いてきたわけです。

具体的な例を出してみましょう。

例えば、私がスタッフに「ちょっとお願いがあるんだけど」と声をかけたのに、相手が返事をしなかったとします。起こった出来事は、私が声をかけた。そして、相手が返事をしなかった。ただ、それだけです。

もし、あり方のレベルが3以下の人であれば、これをどう解釈するでしょうか。「彼女は聞こえているのに、聞こえないフリをした。私のことをないがしろにしている」と解釈し、カッとして腹を立てるわけです。そうなると、妄想は膨らみ、「そういえば、前も彼女は私を無視した」と、過去の解釈まで引っ張り出し、「彼女は私のことを無視している」と、どんどんマイナスの解釈を繰り広げていきます。そして、挙げ句の果てには「私に対して何か不満があるに違いない」とか、「私のことが嫌いなんだ」とレッテルを貼り、「どうりで態度が反抗的だ」などと、その解釈を正当化していきます。

ここまで問題を複雑化してしまうと、その後は、色メガネでしか彼女を見られなくなりますから、絶対によい関係など作れるわけがありません。

妙にリアルな話に感じられたかもしれませんが、この解釈をしていたのは、紛れもなくウエディングプランナー時代の私です（スタッフのみんな、ごめんなさい）。

では、あり方のレベルが4以上にいる人であれば、どうなるでしょうか。

「あれ？　聞こえなかったのかな」と解釈して、「○○さん」と声をかけ直すでしょう。

出来事に色があるわけではありません。その人がする解釈（＝物事のとらえ方）が、出来事を色づけています。今までは無意識に真実だと思い込んでいた自分の解釈を、「解釈は解釈でしかなく、事実ではない」と、俯瞰することで自分に余裕が生まれ、感情に振り回される前に立ち止まることができます。そうすれば、事実と解釈を冷静に見極め、他の解釈を選ぶこともできます。なぜなら、それは事実ではないのですから。

今後、誰かの言葉にイラっとすることがあったら「起きている事実は何？　解釈は何？」と、意識的に考えてみてください。第3章で、あなたがここに住むと決めたあり方のレベルの人だったら、どう物事をとらえるかな、と考えるのもいいですよね。

「あっ、事実と解釈をごちゃごちゃにしている」と気づけたら、思考は自由さを取り戻し、感情に絡め取られなくなります。

これは、他の人からフィードバックを受ける時も同じです。あり方のレベルが3以下の人は、自分と違う意見のフィードバックは「ダメ出し」だと解釈しがちです。自分のアイデンティティーが傷つけられたと思って、言い訳をする人、逆上する人、嫌われたかもしれないと心配する人などさまざまです。

それが、あり方のレベルが4以上になると、フィードバックは自分が見えていない視点を頂ける「ありがたい機会」としてとらえることができます。

同じ考えの人と意見交換をするのは、自分が肯定されるので、ストレスがなく楽しいものです。でも、同じ考えの人だけと話していては、自分の世界は広がりません。自分の考えの正当性を示すことに執着し、他の人の意見を受け入れないでいると、どんどん世界が狭くなっていきます。

新しい可能性や価値が生まれるのは、自分と違う視点をもっている人、自分には思いつかない考えをもっている人とのやりとりにおいてです。それが、自分の見えていなかった世界に触れ、**思考の枠を広げるチャンス**になります。

自分と違う考えを受け入れるには、器の大きさが必要です。あり方のレベルでは、レベル5「受容」に当たります。

どちらが正しいかという視点でなく、中立の立場で客観的に見る柔軟性が生まれると、人との関係の質は向上します。

他者とは『私』という存在を自己完結の独りぼっちから
救い出してくれる唯一の希望であり、無限の可能性である。

エマニュエル・レヴィナス

人間関係を良好にするチャンスはいくらでもある

ここからは、あなたが人間関係を再構築するためのコツをいくつか紹介します。「当たり前のこと」と思われる内容もあるかもしれませんが、あり方のレベルが変われば、これまでやってきたことも解釈も変わります。そして、これらを本当に実行できれば、確実に人間関係に変化が訪れます。ぜひ、新しい自分として取り組んでみてください。

◉意図的なあいさつをする

あいさつは人間関係の基本です。気持ちのよいあいさつができる人は、誰からも「感じのよい人だな」と好感をもたれます。

私は仕事柄、経営者の方にお会いしたり、インタビューをしたりする機会が多くあります。彼らがよく口にする言葉は、「いい人いない？」です。「いい人」とは、どんな人だと思いますか？

仕事が丁寧で早い人でしょうか？　それとも、与えられた役割に責任をもち、成果を出す人でしょうか？　自分で考えて行動する（指示待ちではない）人でしょうか？

実は、どれも違います。多くの経営者が求めているのは「明るく、元気で、素直な子」「ちゃんとあいさつができる子」です。

もしかすると、「なぁ～んだそんなこと」と思われるかもしれませんが、つまりはほとんどの人が、社長のお眼鏡にかなうレベルでできていないのではないでしょうか。

人とよい関係を作りたいなら、意図的で丁寧なあいさつを心がけてみましょう。職場のいつものメンバーに対しても、何となく「おはよ～」と言って済ませずに、明るい声で、はっきりと「おはようございます」「お疲れさまです」「よろしくお願いします」とあいさつをしてみてください。相手から「何かいいことあったの？」と聞かれたら、大成功です。

あの人は明るい人だ、とか暗い人だ、という表現を私たちはします。あなたが入ってくると、**なぜか場の雰囲気が明るくなる。**そんな存在になるのはどうでしょうか。

あいさつするくらいなら、誰でもちょっと意識するだけでスタンダードを上げることができます。そして、簡単なわりにその効果は絶大です。

意図的なあいさつだけでなく、笑顔を心がける、機嫌よく振舞うなど、私たちの身の回りには人間関係をよくするチャンスはたくさんあります。これは、気分のいい時だけやるのではなく、どんな時もやってください。

小さなことを毎日コツコツ続けることが、大きな違いを生みだします。そして、毎日積み重ねると習慣になり、習慣がその人の人格を形づくっていきます。

自分の行為は世界に響いている。

フリードリッヒ・ニーチェ

◉文句を依頼に変える

相手が期待した通りにやってくれない時、ついつい「何でやってくれないの?」「やってくれてもいいじゃない」と文句を言いたくなるものです。特に家族や同僚などの身近な関係であればあるほど、「やってくれて当たり前」「わかってくれて当たり前」と思っていますから、余計にイライラします。わかってもらえないことに傷ついて、それが怒りになる場合もあるでしょう。

ところが、イライラした口調で責めても、相手が気持ちよく動いてくれるはずはありません。それどころか相手は言ったことを無視する、「ハイハイ」と適当な返事を返す、イヤイヤ行動する、この3つのいずれかをやりがちです。そんな態度を見て自分がまた腹を立てる、というマイナスのスパイラルが起き、相手との関係はますますこじれます。

小さな不満も日々積み重なると、関係は悪くなる一方です。

しかし、これは言葉をちょっと入れ替えることで解決します。それは、「文句」を「依頼」に変えることです。例えば、家庭での食事の後、食器をシンクまで下げてほしいのに、夫や子どもがカウンターまでしか運んでくれない時、「何でシンクまで持ってきてくれないの！」と文句を言いたくなることはないでしょうか。

あなたにとって、下げ膳とは「食器をシンクまで運ぶこと」でも、相手は「カウンターまで運ぶこと」が下げ膳だと思っているかもしれません。自分の常識と他人の常識は同じではありません。だからあなたが怒っても、家族は「何でここまで運んだのに怒られないといけないの？」と感じているかもしれません。

これを依頼に変えて、「カウンターまで運んでくれてありがとう。シンクまで持ってきてくれるともっと嬉しいな」と**具体的**に言えばいいのです。あなたが心から笑顔で「ありがとう。助かった」と言えば、お互い嬉しいし、気持ちのいい時間を過ごすことができます。

文句を言っても、相手の行動や関係は改善しません。文句を依頼に変え、依頼に答えてくれたらお礼を言いましょう。ぜひ、言い方をいろいろと工夫して、楽しんでください。

私たちは、遠い関係の相手とは感情的にならず付き合うことができるのに、なぜか身近な、本当に大切にしたい人には、自分のエゴ丸出しになって、いざこざを起こしがちです。

あなたにとって、**本当に大切にしたい人**は誰ですか？　そして、その人とどんな関係を作りたいのか、あらためて考えてみてください。きっと、お互いの優位を主張する勝ち負けの関係ではなく、感謝と喜びの温かな関係でしょう。

自分にとって大切な人を、本当に大切にできたらいいですね。

◉今日は誰を笑顔にするか考える

今日少なくとも1人の人に、
少なくとも1つの喜びを
与えてあげられないだろうか？

フリードリッヒ・ニーチェ

新しいあり方を創作して、人生の創作者として生きると決めた時に大事なことが、「今日、誰を笑顔にしよう？」という問いかけです。

なぜなら、ディスエンパワメントな関係と、エンパワメントな関係を分ける大きな違いの一つが、「自分さえよければ」と考えるのか、「自分も人もよくあろう」という視点で考えるかだからです。

その境界線を超えるためにできることが、誰かを笑顔にすることです。

朝起きて、今日会う人たちの誰を笑顔にするか、そのために何をするかプランしてください。

誰とも会う予定がないなら、SNSでメッセージを送る時に、その人を笑顔にする一言をそえるのもOKです。

特別なことをする必要はありません。どんな言葉をかけたら相手を笑顔にできるだろうか。何をしたらその人は喜ぶだろうか。そう考えると楽しくなりませんか？

そして、誰かを笑顔にした時、きっとその笑顔を見たら、あなたも笑顔になるでしょう。

「誰かを喜ばせることができる自分」は、自分に自信と豊かさをくれます。

自分から何かをするのでなくても、相手がしてくれたこと、気遣ってくれたこと、一緒に時間を過ごしてくれたことに、嬉しい、楽しい、ありがたいという気持ちを照れずに、遠慮なく表現することも、相手を笑顔にする方法の一つです。

私は、ブライダルの仕事や講座などをやってきて、人は誰もが本当は「誰かを喜ばせたい」「誰かの役に立ちたい」と思っていると感じています。ですから、自分の気遣いを誰かが気づいてくれた、自分がやったことを誰かが喜んでくれた、と知ることは、自分を満たしてくれます。

この時に大事なことがあります。それは、まずは、あなたが笑顔でいることです。あなたの笑顔がすべての始まりです。そして、相手の見返りを求めないということです。これを言ったらきっと相手は喜んでくれるだろう、感謝してくれるだろうと思ってやると、そうならなかった時に、相手を責めたり、できない自分にがっかりしたりして、マイナスエネルギーになってしまいます。

「私がやりたいからやる!」のですから、**相手の反応は関係なし**。

そして、相手が喜んでくれたら、もちろん遠慮なく喜びを味わってくださいね。それが喜びの循環につながります。

◉当たり前思考から脱却する

私たちは日々の生活において、
驚きの感覚を失ってしまう。

マルティン・ハイデガー

ウエディングプランナーをしていた時に、結婚して間もない男性から相談を受けたことがありました。奥さんが仕事で忙しく、いつも不機嫌だからどうにかしたいと言うのです。そこで私が、「たまには奥さんの代わりにご飯を作ってあげたら？」と提案をしたところ、料理は作れないとのことだったので、「毎日、奥さんがごはんを作ってくれるなら、週に1回でいいから洗い物を担当するのはどう？」とアドバイスをしました。

彼はすぐに実践したようで、その後、「妻のあんなに喜ぶ顔は見たことがありません」と喜びのメールが送られてきました。

ところがしばらくして、その男性から1通の怒りのメールが届きました。「まりさん、僕はもう二度と皿は洗わないことに決めました！」と。

何があったんだろうと気になって彼に話を聞くと、その後も皿洗いを続けていたそうですが、ある日「お皿を洗ったよ」と伝えたところ、奥さんは流しをチラッと見て「なぜお鍋は洗っていないの?」と言ったそうです。

もちろん、家事を手伝っているという解釈は、この時代に賛否両論あります。ですが、考えてほしいのは、そこではありません。

私たちは、初めて人に何かをしてもらった時は感動して「ありがとう!」と言うけれど、その行為が何度か続くと、だんだん感動がなくなり、感謝の気持ちが薄れてしまい、そのうち「やってもらって当たり前」という状態になりがちです。挙げ句の果てには、やってくれたことよりやってくれていないことに目がいき、この奥さんのように文句を言ってしまう。それも意図せず、無意識のうちに……。

人間は、いやなことはいつまでも覚えているのに、嬉しいことやありがたいことは、どんどん当たり前にしてしまう傾向があります。

人に何かをしてもらったら、「ありがとう」と感謝の気持ちを伝えることが大切なのは言うまでもありませんし、誰もが心がけていることでしょう。しかし、よくよく振り返ってみると、「このくらいしてもらって当たり前」と、近い関係ほどお礼を言わずに済ませていることはないでしょうか。

普段、無意識に当たり前にしていることに、意図的に感謝が言えるようになると、関係の質は大きく向上していきます。

◉創作の感謝から始める

感謝が大事ということは、私が言うまでもなく、多くの人がわかっていることだと思います。ですが、感謝には「評価の感謝」と「創作の感謝」があります。

評価の感謝とは、相手が感謝に値することを自分のためにやってくれた時、それに対して感謝することです。誰が考えても「それは、感謝すべきだよね」と思うこと、ともいえます。例えば食事を奢ってくれた、お願いしたことをやってくれた、などです。

これに対して、創作の感謝とは、普通ならば当たり前にしがちな些細なことにも気づいて感謝をすることです。出来事には感謝すべきかどうか、という色はありません。感謝しないからと言って失礼ではないけれど、あなたがそれに**感謝という色づけをする**ことで生まれる感謝です。

例えば、私の住んでいるマンションの管理人さんは、いつもマンション内を綺麗に掃除してくれています。もちろんそれは管理人の仕事であり、お給料をもらっていますから、やって当然です。ですから、「ありがとう」と言わないと失礼なわけではありませんが、私は管理人さんを見かけたら、いつも「ありがとうございます」と伝えています。なぜなら、本当に綺麗にしてくださるおかげで、毎日気持ちよく過ごせるからです。この管理人さんへのお礼は、創作の感謝です。

身の回りを見渡してみてください。創作の感謝ができる機会はいくらでもあります。特に**身近な人間関係は、創作の感謝の機会に溢れています。**

親が毎日食事を作ってくれること、子どもがお手伝いをしてくれること、夫が毎日会社に行って働いてくれること、お布団で眠れること、蛇口をひねれば水が出ること、バスの運転手さんが安全運転してくれること、スーパーマーケットが歩いて行ける所にあって欲しいものが買えること、店員さんが親切なこと……。私たちが当たり前にしている日常に、感謝できることがたくさんあるのです。

創作の感謝ができると、関係の質の向上に大きな影響を与えます。そして、創作の感謝があなたのあり方をレベル４以上へと連れて行ってくれます。

次に、そのためのワークを用意しましたので、ぜひ取り組んでください。

人は当たり前と考えるものの中に、
多くの驚きと未知を見落としている。

アンリ・ベルクソン

◉創作の感謝のワーク

評価の感謝と、創作の感謝の違いを感じていただくために、簡単な2つのワークをしましょう。

①この24時間以内にあなたが誰かに感謝したことを、1分間、左の枠に書き出してください。ありがたいと思っただけではダメです。感謝を伝えたことを書き出します。

～感謝を伝えたこと～

②次に、この24時間で、実際には感謝を伝えなかったけれど、伝えてもよかったなと思うことを、1分間書き出してください。

～伝えてもよかった感謝～

②で書き出したことに感謝をすることが、創作の感謝になります。意図的に感謝をすることで、周りの人との関係の質は確実に向上します。

人は無意識でいると、最初はありがたいことも、どんどん当たり前になり感謝を忘れてしまいがちです。しかし、当たり前にしがちなことにも、意図的に感謝することで、周りの人の気遣いや親切、思いやりを見逃さずに感謝できるようになります。あなたの幸せも、周りの人の幸せも、増えていきます。

「ありがとう」は相手への承認です。他の人なら当たり前として見過ごすことを、あなたが「ありがとう」と言う時、あなたがいるところに、**その人の素晴らしさが存在**します。

それが創作の感謝です。

◉心に響く感謝を伝える3ステップ

「創作の感謝にチャレンジをしてみよう」と思われたあなたにアドバイスしたいと思います。実は、「ありがとう」と感謝を伝えても、相手の心に響く感謝と、響かない感謝があります。

これをわかっていないと、感謝をしているつもりが、相手にはまったく伝わってないということになりかねません。

相手に伝わらない感謝は、無意識に言う感謝です。

例えば、誰かがお茶を入れてくれた時、他の作業をしながら相手の顔も見ずに「ありがとう」と言う。これが、伝わらない感謝です。

確かに言葉では「ありがとう」と伝えていますが、言われたほうは、感謝をされたと思うでしょうか？　きっと、そうは思えません。

実際に、私のセミナーの中でもワークとしてやるのですが、ワークだとわかっていても、こちらを見ずに「ありがとう」と言われると、何だか軽くあしらわれたような、いやな気持ちになります。

大事なのは、言ったかどうかより、伝わったかどうかです。伝わっていない感謝なら、言ってないのと同じです。

このような無意識の感謝を「心に響く感謝」に変える3ステップをお伝えします。

ステップ① 意図的に伝える

「ありがとう」を言う時、顔と体の中心を相手に向けて感謝を伝えます。顔だけ相手に向けて伝えるのと、体ごと向けるのでは、相手の受け取り方はまったく違います。意図的に、顔も体も相手に向けて伝えることで、相手に言葉が伝わります。

ステップ② 感情をのせて伝える

「意図的に伝える」に加えて、「ありがとう」という言葉に、「嬉しい」「ありがたい」「幸せ」などの感情にベクトルを合わせて伝えます。ベクトルが一致した時に、「ありがとう」という感情が相手に届きます。恥ずかしがらず、遠慮せずベクトルを合わせて伝えてください。

ステップ③　一言そえる

「ありがとう」の感謝の言葉に、「いつも気を配ってくれてありがとう」「おいしかった。また食べたいわ」など、一言そえることで、相手とのコミュニケーションに変わります。

まずは、ステップ①から始めて、ステップ②、ステップ③を実践してみてください。

私たちのプログラムでも行っていますが、驚くほど関係の変化を作り出します。

大事なことは、相手の反応を期待しないことです。いつもより心を込めて感謝を伝えたら、きっと相手は喜ぶだろうと思ってやると、期待したような反応でなかった時に、相手を責めたりガッカリしたりします。自分がやりたいからやる。それでいいのです。喜んでやってくださいね。

このワークを実践することで、気づいてほしいことがあります。それは、「**自分の働きかけによって関係の質は変わるんだ**」ということです。

自分次第なのだ、ということを頭で理解するだけでなく、体感で腑に落とすことで、人生を創作者として生きることの確信につながります。

「私が創作者なんだ！」「私には変化を作れるんだ！」という確信をもつことは、環境・状況や他の人の言葉に振り回されない、揺るぎない自信につながります。

正義より愛を！

正義は悪の犠牲の上に成り立つ。
ジャック・デリダ

人生の創作者として生きるために、この章の最後に「正義」の概念を再創作しましょう。

正義と聞くと、どのようなイメージをもつでしょうか。ヒーロー番組では、正義が悪を懲らしめ、悪を倒すストーリーが定番です。多くの場合、正義はよいことだと認識されていますが、この世に**「正義」が存在するためには、必ず「悪」が必要**になります。

世の中すべてが相対的であるがゆえに、表と裏が一対であるのと同じで、正義と悪は一対で存在します。どちらか片方だけでは存在することができません。

ですから「正義」という立場をとるという行為は、相対するものに「悪」というレッテルを貼ることになります。これは、私たちの人間関係でも同じです。自分が正しい（正義）という立場は、相手に間違っている（悪）というレッテルを貼り、その相手は正すべきものとして現れます。

そして、正義には、悪に対する怒りのパワーがあります。あり方のマップでもお伝えした通り、怒りのパワーは絶大で、創造と破壊を繰り返します。世の中の争いや戦いは、正義と悪の戦いではなく、正義と正義の戦いです。双方にとって、自分が正義で、相手が悪。これがレベル３「プライド」の限界です。

私たちが暮らす資本主義社会は、勝ち負けをベースに作られた世界ですから、そこで勝ち上がっていくためには、強い怒りのパワーはとても有効です。

私もかつては、怒りのパワーで勝ち上がってきました。ブライダルプランナーとして確固たる地位を築き、レジェンドと呼ばれるようになったのも、この怒りのパワーのおかげです。そして、一度怒りのパワーで結果を作ることに味をしめると、もう怒りは手放せません。結果が出れば出るほど、もっとエネルギーが必要となり、もっと怒りが必要となりました。

怒りは結果をもたらしましたが、私に温かな関係をくれることはありませんでした。怒りのエネルギーを発する私の周りに集まってくるのは、怒りのパワーの人たちばかりです。私はいつもイライラして、いくら勝ち続けても幸せを得ることはできませんでした。

そんな私から、皆さんへの提案です。

「正義」という勝ち負けの競争の世界で生きる人生から、「愛」で人と関わる共創の世界へあり方をシフトしませんか？

あり方のレベル7に位置する「愛」には、ネガティブなものを攻撃するのでなく、溶かしてリセットする力があります。

人生を愛で満たし、愛で人と関わる人生を歩むために大事なことを、次のステップでお伝えします。

怒りは自分を傷つける。

ルートヴィヒ・ウィトゲンシュタイン

◉I LOVE MEから始める

人生を愛で満たすための最初のステップは、自分を愛で満たすことです。自分を愛で満たさないと、愛が枯渇して、それを埋めるために他から奪うという思考が働きます。ですからまずは「I LOVE ME」から始めましょう。

日本人には、相手のことを尊重し、譲り合う文化があります。しかし、それが行き過ぎると、自分のことをないがしろにしてまで他人を優先してしまうことになります。もちろん相手のことも大事ですが、**自分が溺れている状態では、誰も助けることはできません。**

まず自分をよい状態にすることは、相手はどうでもいいということではなく、誰かの役に立つために、まず、自分がよい状態でなければ始まらないということです。自分がよい状態にいて初めて、周りとエンパワメントな関係を築くことができるのです。

ですから「愛」で人と関わるステップは、以下の順番になります。

①I LOVE ME（私は「自分」を愛します）
②I LOVE YOU（私は「あなた」を愛します）
③YOU LOVE ME（「あなた」は私を愛します）

お風呂のたとえでお話ししましょう。浴槽にお湯を溜める時、まず栓をして、お湯を注ぎます。浴槽が「満タン」になった状態が、自分が愛で満たされた「I LOVE ME」の状態です。

お湯が満タンになって浴槽からお湯が溢れ出し、相手の浴槽に注がれる。これが「I　LOVE　YOU」です。そして、相手の浴槽から自分の浴槽に注ぎ返してくれる状態が「YOU　LOVE　ME」です。こうして愛が循環していきます。

ところが多くの場合、最初のステップである「I　LOVE　ME」をやりません。浴槽の栓をしないのです。栓をしていない状態とは、こんな自分じゃだめだと自分を否定したり、責めたりしている状態です。

自分という浴槽に栓がされていないと、どんなに自分を褒め、愛を注いでも、愛は漏れていくばかりで溜まらないのです。

自分で満たすことができないと、人からもらおうとして、いきなり「YOU　LOVE　ME」を求めようとします。

でも、栓がしまっていないのですから、どんなに愛をもらっても溜まることはなく、枯渇し、もっともっとと求めざるを得ません。

欲望は海水に似ている。
飲めば飲むほど、喉が渇く。
アルトゥール・ショーペンハウアー

「愛」から始めるには、**自分の中の愛に触れる**ことが大事です。自分の中に感じないものを、人に感じることはできません。

レベル5「受容」で書いた通り、愛は外から与えられるものでなく、自分の内から創造されるものだと気づくことが必要です。そうすれば、人の顔色をうかがったり、他人の評価に振り回されたりすることもなくなります。

自分を愛することを、ナルシストだとか、自己中心的だと思う人もいるでしょう。一昔前は、社会にパワーがあり、どこかの組織に所属すればそこが守ってくれました。でも今は、自分で人生を切り開く時代です。「自分のことは自分でやってね」という時代であることは、上場企業までもが副業を認めていることからもわかります。

人には誰でも自分のことをわかってほしい、認めてほしい、受け入れてほしいという欲求があります。

また、褒められたい、人より優位に立ちたい、力を示したいという意思があります。これらの欲求が満たされず、枯渇していると他人にそれを求め、思うようにならないと相手を批判したり、文句を言ったり、ふてくされたりします。

満たされない自己重要感から発せられる承認欲求は、さまざまな悩みの原因になりやすく、また人間関係をこじらせる要因となります。こうなる原因は、I LOVE MEをやらないからです。

もし、あなたが、自分が輝くことで周りを輝かせることに興味があったら、自分を愛で満たすことから始めましょう。

愛というものは、愛されることよりも、むしろ愛することに存する。

アリストテレス

◉完璧な自分になるのを待たない

そうはいっても、「自分を愛することがなかなかできない」という人もいるでしょう。

それは、「私はあれもできてない、これもできていない」「これさえできれば私はもっとよくなるのに」「こんな自分なんて愛せない」と、どこかでそんなふうに思っていないでしょうか。

「今の欠点だらけの自分を認めたら成長できなくなる」と思っていると、自分を愛することができません。人間というのは、どこまでいっても不完全なものです。完璧な自分になるのを待っていたら、いつまでたっても動けません。

魅力的な人は、意外とおっちょこちょいだったり、抜けているところがあったりすると思いませんか？

完璧な人になるのを目指すより、魅力的な人、愛される人を目指すのはどうでしょう。そのためにやることはとても簡単。**ありのままの自分を受け入れる**だけです。不完全な私を愛して、この私でいくんだ、と決めることです。

不完全な自分を「これでよし」と認めるのは勇気がいることです。だからこそ、自分を励まし、応援してください。

必要ならば過去の自分も愛して、エンパワメントしてください。

自分を受け入れた時、これまで気づかなかった、自分が受け取ってきた愛に気づけるかもしれません。

人は自分にやることを、相手にもやります。自分の不完全さを受け入れ愛することができたら、他の人の不完全さも受け入れ、愛することができるようになります。そうすると、イライラはなくなり、寛容さが生まれ、人間関係は新しいステージへと進むでしょう。

愛を恐れるとは人生を恐れることだ。
人生を恐れるものは、すでにほとんど死んだも同じだ。

バートランド・ドラッセル

第5章

関係を破綻させるディスエンパワメント

私たちを縛っているものの正体は何か？

どれだけ、あり方のレベルをあげ、人生の創作者として生きる選択しても、何が自分の人生を決めているのかがわからないと、どれだけ努力しても思ったような成果を得ることはできません。

この章では、あり方のレベルを4の「勇気」以上にしようとする時に陥りがちな罠について、お話ししていきます。この罠に陥ると、アクセルとブレーキを同時に踏んでいることに気づくことができず、努力しているのに前に進めないという、負のスパイラルに陥ることになってしまいます。

アクセルとブレーキを、意識して同時に踏んでいる人はいません。ほとんどの場合、ブレーキのほうは無意識に踏んでいます。ですから、何をするとブレーキを踏んでしまい、気がつかないうちに関係を悪化させてしまうのかを知ることで、対処することができます。

「自分の人生をよりよくしたい」と思って取り組むことの一つが、自分の感情や思考を変えようとすることです。ところが、人間の真理を探究する哲学の世界では、約70年前に登場した構造主義によって、人間の感情や思考は、自分で決めているのではなく、**社会の構造によって規定されている**ことが明らかになっています。

私たちを縛っているものが何かを知るには、個人の思い込みや思考を探るのでなく、構造にアプローチすることが必要です。

では、私たちを縛っている構造とは何なのでしょうか？

規則やルールに置き換えて考えてみるとわかりやすいので、少しお付き合いください。

社会は、それが自覚する以上に構造に依存している。

クロード・レヴィ・ストロース

「昭和の呪い」から解き放たれるには

例えば、私たちが子供の頃、「5時までに帰ってきなさい」といった門限のようなルールがあったと思います。ついつい友達と遊ぶのが楽しくて、帰宅が夜7時を過ぎようものなら「こんな時間までどこに行ってたの？　心配したじゃない！」と叱られ、5時までに帰るように教育されます。

つまり、自分のやりたいことよりも家のルールのほうが絶対で、ルールを破ると叱られる、ということを学びます。

しかし、社会人にもなって、4時頃に「すみません。家の門限が5時なので失礼します」なんて言う人はいないでしょう。そんなことを上司に言えば怒られるはずです。つまり、家のルールよりも、組織のルールのほうが強いということになります。

ところが、この会社が超ブラック企業で、就業時間は朝8時から夜10時、月の休みは3日だけ、残業代は払わない、という無茶苦茶なルールを作ったとしても、国がそれを許しません。つまり、個人よりも家庭のルールが優先され、家庭のルールよりも組織のルールが優先され、組織のルールよりも国のルールのほうが絶対である、という構造が成り立ちます。

しかし、この構造は、これで終わりではありません。国よりも力を持っているものがあります。それが「時代」です。

今の時代、どんな理由があろうと、人を殺すことは犯罪です。ですが、江戸時代は仇討ちは認められており、成功すればヒーローになれました。ということは、

個人＜家＜組織＜国＜時代

という構造が成り立つわけです。

私たちは認識はしていないかもしれませんが、その時代、その時代の「これが正しい」というものに従って生きています。

私たちの生活において「正しい」ことは「常識」と呼ばれます。私たちは、「常識外れ」と非難されることを恐れて、常識からはみ出ないようにしがちです。しかし、常識は普遍的なものではありません。たまたまその時代で正しいと言われているだけであって、時代が変われば、かつての常識は非常識になります。そんなあやふやなものなのです。

これだけのスピードで時代が変わっている今、常識もどんどん書き変わっています。ところが、世の中を見ていると、多くの人が**時代遅れの常識**に縛られているように見えます。エンパワメントライフでは、この古い常識に縛られていることを「昭和の呪い」と呼んでいます。

昭和生まれの人はもちろん、平成生まれの人でも、親や学校の先生が昭和生まれであれば、昭和の呪いにかかっています。この呪いにかかっていると、思考が自由さを失い、過去の延長線上に今の人生があるため、今の時代に合った自分の活かし方を実践することはできません。

昭和の呪いには、次の3つが挙げられます。

①親／教育の呪縛

昭和の時代は「みんなで一緒に横並び」が求められ、「目上の人の意見が絶対正しい」とされていた年功序列の縦社会です。「自分の好き勝手をやってはいけない」「わがままいってはいけない」「迷惑かけてはいけない」と言われ、学校でも一人だけ違うことをしていると怒られました。

左利きの人は、右利きに矯正されて大変だったそうです。みんな同じでなければいけない、同じに価値がある、という考え方の一例ですね。

昭和の時代の常識の典型は、「いい大学に入り、大企業に就職すれば安泰」「目上の人の言うことは黙って聞くのが当たり前」「女性はでしゃばってはいけない」などではないでしょうか。でも、人から言われたことを考えもなしに鵜呑みにして、言われた通りやればいい時代は終わっています。

親が、あなたがやろうとすることを止めたり反対したりするのは、親の時代の常識にはなかったことなので、心配だからです。そんな時は、意見をする親に対して怒ったり苛立ったりする必要はありません。「お父さん、お母さん、私のことを心配してくれてありがとう。でも、自分のことは自分で決めるから大丈夫だよ。安心してね」と言えばいいのです。

人は生まれつき無知だが、愚かではない。
彼らは教育によって愚かにされるのだ。

バートランド・ラッセル

② 世間体の呪縛

2つ目は、世間体という名の呪縛です。

何かをやろうと思っても「周りになんて言われるかしら」「非常識と思われるんじゃないかしら」「変な人って思われないかしら」と気になって、躊躇したり、行動が止まってしまうことはないでしょうか。

世間体とは何でしょう。いったい何に怯えているのでしょうか？

世間体には、特定できる顔がありません。世間体は、1ミリもあなたの人生に責任をとってくれません。顔のない何者かもわからないような世間体のために、自分の人生を放棄するのはやめましょう。人生の創作者として生きるという選択が、その始まりです。

常識に従うことは、
個人の独立した思考を放棄することである。
ラルフ・ワルド・エマーソン

③自分でかけた呪縛

最後の3つ目は、自分でかけた呪縛です。意外とこれは、ラスボス並みの強敵ともいえるかもしれません。

例えば、やりたいことを実現できるチャンスがやってきた時、「これに乗れば、自分のやりたいことに一歩近づける」と思ったとしても、「もうちょっと経験を積んでから」とか、「もう少し勉強をしてから」「もう一つ資格を取ってから」などと、何かとやらない理由をつけて、まだ早い、まだ早いと自分を抑えてしまうのは、自分でかけた呪縛に取り憑かれている証拠です。

一昔前は、世の中に「正解」があり、それを知ることが成功への道と考えられていました。でも今は、不安定、不確実で、正しい答えがない時代といわれています。その時代に正解を求めていては、動けなくなります。まずは一歩踏み出して、トライ&エラーを重ねながら、**自分の正解を作り出して行く**ことが必要です。

昭和の時代は35年前に終わっています。

「○○すべきだ」「○○でないとだめだ」と思った時、それを鵜呑みにするのでなく、「これ、時代遅れじゃない？」「これに従う必要ある？」と常識を疑い、自分でちゃんと考えてください。そうすることで、無自覚に他人や社会から押し付けられた価値観や思い込みから自由になれます。

待っていても、何も変わりません。言われたことを真面目にやっていれば順番が回って来る時代は終わりました。私たちは、才能を発揮しながら周りの人とよい関係を作り、自分の人生を自分で選択できる、そんな素晴らしい時代に生きています。

ただし、それを楽しめるのは、人生の創作者として自分の人生に責任をもち、自分で決断する人だけです。

自分が自分を自由にさせない。

ミシェル・フーコー

「ある」と「ない」は同時に存在しない

物を失くしてしまって、ないないとあちこち探し回るけれど、どれだけ探しても見つからない。「もう仕方ないや……」と諦めかけていたら、「こんなところにあったんだ〜！」と探し物が見つかった、という経験は、誰しもが一度や二度はあるのではないでしょうか。

不思議なもので、「ない」と思いながら探すと見えないものが、その「ない」を手放した時に見つかるというのはよくあることです。

「ない」と「ある」は、同時に存在しません。脳の構造がどうなっているのかを知らないと、自分では気づいていない時にディスエンパワメントすることになりますので、ちょっとしたTIPS（ヒント）をお届けします。

私たちは、存在していても、認識しなければ「ある」ことに気づきません。認識して初めて「ある」と気づくことができます。「ない」というメガネをかけていたら、あるものも見えなくなってしまいます。

お金がない、時間がない、やりたいことがない、才能がない、自信がない、応援してくれる人がいないなど、この「〜がない」という言葉が、私たちを無意識のうちにディスエンパワメントしてしまうのです。

「ない」にフォーカスしている限り、何を得ても、「ない」状態が続きます。

誰も「よし、私は『ない』から世界を見てみよう」と思っているわけではありません。あり方のレベルが2の「恐怖」であると、欠乏、不足にフォーカスをしてしまうのです。そして、無意識でいると「ない」というメガネで知らない間に世界を見ていることになります。この**欠乏の世界に、感謝や尊敬や愛は存在しません。**

「ない」の世界に生きている状態では、人とよい関係を作ることはできないですよね。何が起こっても不足している自分や世の中ですから。

では、ここでやるべきことは何でしょうか。それは、「ある」のメガネに掛け替えること。ただそれだけです。そうすると、今まで見えなかったお金、時間、やりたいこと、才能、自信、応援してくれる人が見えてきます。

私の知人で九星気学の鑑定をされている方がいます。運気の専門家でもあり、使う言葉をとても大切にされています。彼女の3歳の息子さんが、パンツを探しながら、「ママ、パンツがない」と言って来たそうです。でも彼女はタンスの中にパンツがあることを知っています。そこで、息子さんに「『パンツがない』ではなく『まだ見つからない』と言いなさい」と言ったそうです。

「パンツがない」は「ない」が前提です。「まだ見つからない」は「ある」が前提です。

さすが運気の専門家は、こういうことにもこだわるのかと感心しました。

「チャンスがない」をいきなり「チャンスがある」に変えるのが難しい時は、「まだチャンスに気づけていない」と言ってみるのはどうでしょうか。

「ない」という前提から「ある」という前提にシフトすることができます。そうすると、これまで見えなかったものが見えてくる可能性があります。すでに自分が受け取っているけれど気づかなかった、応援やサポートにも気づけるかもしれません。

反省という名の自分いじめ

楽観主義者はどこにでも青信号が見えるが、
悲観主義者は赤信号しか見えません。
賢者には、色が見えません。

アルベルト・シュバイツァー

「ものづくりの国、日本」と言われるように、日本は改善することで、さらによいものを生み出すことを得意としています。確かに、ものづくりにおいては、うまくいかないところを直し、改善することで、よりよいものを作ることができるかもしれません。

ですが、人間はそんなに単純ではありません。

自分の悪いところを見つけて改善すれば、人生がよくなると思っている人は、自分がやらなかったこと、できなかったことにフォーカスします。「あれがダメだった」「また失敗した」「いつも自分はこうだ」と反省することで自分をよりよくしようとします。

この思考を取り入れてしまった時点で、反省という名の自分いじめの始まりです。

自分をダメだと否定している時、プラスエネルギーでいることは非常に難しく、否定すればするほど自分を窮地に追いこみ、マイナスエネルギーにします。

本来、「反省」とは、できたこと、できなかったことを客観的に見つめ、新たな可能性を見出すための行為で、ここに**自己否定は必要ありません**。ところが、マイナスエネルギーにいる時は、物事のネガティブな側面しか見えないのです。

足りないことや、できていないことばかりが目につき、「このままの自分ではだめだ」「このままの自分では愛されない」と解釈し、その解釈が妄想現実を作ります。この妄想現実の中にいる状態で、人とエンパワメントな関係を作ることは不可能です。

自己否定をしていると気づいた時は、「あっ、自己否定をしてる」と、**ただただ受け止めてください。**そして、自己否定を続けるか、それとも自分をエンパワメントして、次の一手を考えるかを選んでください。

自分が自己否定していると気づいた時に、「また自己否定した」と自分を責めると、マイナスのスパイラルにますます引きずりこまれます。切り替えるには、最高の自分でいられるように、第3章でお伝えした「本質的な取り組み」を実践してください。そうすることで、だんだんと自己否定をしなくなります。

人間は自分にすることを人にもします。無意識に自分のうまくいかないことを否定する人は、人に対してもうまくいかないところを見つけては否定をします。無意識のうちに。あなたのためと言いながら……。

反省という名の自分いじめをしなくなると、周りの人に対しても否定的に見なくなりますので、関係の質は確実に変化します。

あなたのために、あなた自身を偉大にすることは、
他人に対する最大の奉仕である。

アイン・ランド

理想を実現する時に必要な2つの視点

現実と本質の両方を見る。
フリードリッヒ・ニーチェ

人生の創作者として生き始めると、理想と現実のギャップがより鮮明に見えてきます。理想の自分の姿を掲げ、そこに向かって精進するのは素晴らしいことです。しかし、やり方を間違うとディスエンパワメントになってしまいます。

理想の自分と、今の自分を比べるというだけの視点しかないと、まだできてないところや足りないところばかりが目につきます。そして、「今の自分では足りない」「こんな自分ではだめだ」と自分を責め、時にはやる気を失い、でも何とかしなければと、自分にムチ打ちながら頑張ることになります。

そんな状態でも結果は作れるかもしれません。でも、これは苦しいですね。どんなに努力をしていても、悲壮感や深刻さがあると、人から敬遠され、よい関係は作れません。

解決するには、「理想の自分と今の自分を比べる」という視点以外にもう一つの視点をもつことです。これについて、一つエピソードをご紹介します。

フィギュアスケートの羽生結弦選手は、2014年のソチオリンピックで過去最高得点をたたき出し、金メダルを獲得しました。その時、インタビュアーが「過去最高得点を出して、どんな気分ですか?」と聞くと、彼はこう答えました。「世界最高得点かどうか別にして、自分の最高得点が出せて嬉しいです」と。インタビュアーが、さらに「ということは、今回の演技は理想の演技だったのですね?」と聞くと、「いえ、理想には程遠いです」と答えたのです。なぜなら、彼の理想は、はるか上にあるからです。

彼は、「今の最高の演技」と「理想までのギャップ」という2つの視点をもっていたのです。「今、最高ができたかどうか」という視点は、今の自分を肯定することができます。ただし、この視点しかないと、目指す先がなく、出来事に振り回されて方向を失ったり、スピードが落ちたりします。

逆に「理想の自分」という視点しかないと、いつもできていない自分とのギャップを見ることになり、力を失いがちです。理想の未来を描いている人は、志が高い人が多く、目標を達成しそうになると、またその先に目標を作ります。そうなると、終わることのない、苦しく辛い旅がいつまでも続くことになります。

ですから、両方の視点をもつことで、今の成果を喜び、祝福し、エンパワメントされ、未来の理想の自分への旅を**パワフルに、楽しみながら**進むことができるのです。

ディスエンパワメントになりがちな脳の3つの特徴

脳科学の世界では、脳には3つの区別がないといわれています。

①人称の区別がない
②否定の区別がない
③イメージと現実の区別がない

①の「人称の区別がない」とは、例えばあなたが「Aさんって仕事ができないよね」と言うと、脳は「私は仕事ができない」と理解するということです。ですから、人を悪く言えば言うほど、あなたは自己否定をしていることになります。ということは、逆にあなたが人によい言葉がけをしていたら、脳はそれがあなたのことだと認識するわけです。

「Aさん頑張ってるよね」と言った時、それはあなたが頑張っているということになります。そして、その人が頑張っていると気づけるのは、頑張っている人だけです。

人の悪口を言うことで、自分が相手より優位に立ったように感じて、ちょっと気持ちがすっきりしたとしても、その言葉が自分の否定になると考えると、まさに「人を呪わば穴二つ」と言えますね。

②の「否定の区別がない」とは、例えばあなたが「失敗しないように頑張ります」と言ったとしたら、脳は「失敗」にフォーカスします。あなたが本当に臨んでいるのは、「失敗しないこと」ではなく、「成功すること」のはずです。「成功する」と言わなければ、脳はそれを認識できません。であれば、「成功するように頑張ります」と言えばいいです。

③の「イメージと現実の区別がつかない」については、ハーバード大学におけるピアノ演奏のイメージトレーニングの研究を紹介します。

この研究では、実験参加者を次の3つのグループに分けました。

❶ピアノを前にして実際に弾く練習をする（指を動かす）
❷ピアノのない部屋でイメージトレーニングのみをする（指を動かさない）
❸特に何も練習しない

そして、毎日2時間ずつ、5日間にわたって練習を行ってもらいました。その結果、❶と❷が同じぐらいに上達し、❸はまったく弾けるようにはならなかったという研究結果があります。

このことからも、イメージトレーニングは、実際の練習と同じぐらいの効果があるということがわかります。

ということは、夜寝る時に、「ああ、今日はあんないやなことがあった。あの人にあんなことを言われた。あの時にこうしていれば……」とその日に起こったいやなことを思い出すということは、それを再体験しているのと同じといえます。この行為は、何度も何度も擬似体験をして、自分をディスエンパワメントします。当然、その状態では、ぐっすりと眠れないでしょうし、朝の目覚めもよくないでしょう。

人間は、**嬉しいことよりも、いやだったことのほうが記憶に残りやすい**のです。1日、楽しいことが10あっても、1ついやなことがあると、その日1日が最悪の日だったと感じてしまいがちです。

どうせなら寝る前によいことを思い出して、幸せな気持ちで1日を終わりましょう。

第3章のワークでご紹介した、「1日の終わりに3つのいいことを書く」ことが、このサポートになります。ぜひワークを実践して、続けてください。

相手をディスエンパワメントする5大要素

次は、相手をディスエンパワメントしないための方法をお伝えします。知らないうちに相手をディスエンパワメントしながら、その人とよい関係を作ろうとするのは、まさにブレーキとアクセルを同時に踏んでいる状態です。

何が相手をディスエンパワメントしてしまうのか。その5大要素を知っておくことで、**意図せずに相手を傷つけることを防ぐ**ことができます。

◉批判、文句などの言葉

言葉とは、弾丸が装填されたピストルである。
ジャン・ポール・サルトル

人をディスエンパワメントするのは簡単です。口は災の元という諺がある通り、私たちは日々使う言葉で相手をディスエンパワメントできます。特に、無意識から発した言葉で相手をエンパワメントすることはないといっていいでしょう。

例えば、相手を批判する、責める、罰する、脅す、文句を言う、自分を正当化するなどは、確実に相手をディスエンパワメントします。これらの言動はすべて、あり方のレベル3以下の「自分が正しく、相手が間違っている」という考えが背景にあり、勝つか負けるかのディスエンパワメントな関係です。

また、本人の前では言わないけれど、その人のいないところで文句を言ったり批判したりする人がいます。言っているほうは、「本人の前で言ってないから大丈夫」と思っているかもしれませんが、結果として後ろめたさを感じたり、その人との関係に壁を感じたりすることにつながります。191ページで紹介した通り、「脳は人称の区別がない」ということを考えると、人への批判は結局、自分への批判になり、自分のパワーを奪います。

陰で文句を言うということは、本当は本人に言いたいことがあるのに、直接言えないから陰で言ってしまうのでしょう。それで、ちょっとスッキリした気分になっても、何も解決はしません。

そして、人の批判を陰でする人は、聞いている人に「私のことも、陰で悪口を言ってるのかしら」と思わせるので、信頼されません。相手を懲らしめたつもりでも、結局一番傷つけているのは自分です。言葉は、人も自分も、傷つけもするし、力づけもします。**日々の言葉が人との関係を作り上げます。**言葉を意図的に使いましょう。

◉目先のほうびで釣る

愛とは相手を操作することではない。
ルートヴィヒ・ウィトゲンシュタイン

相手をコントロールするために、目先のほうびで釣ることも、相手へのディスエンパワメントです。なぜかというと、相手のことを「自発的にやる人」として見ているのではなく、「ほうびで釣りでもしないとできない人」と解釈しているからです。

おもしろいもので、こちらが相手を「できない人」という思い込みで接すると、ちゃんと相手はそのようになります。それがまた、「この人はできない」という自分の解釈を正当化するというスパイラルに巻き込んでいくのです。

人とのエンパワメントな関係は、相手を尊重し、敬意を払い、信頼し、励まし、愛をもって接することで育まれていきます。

◉謙虚という傲慢

世の中には、褒められたいという願望をもっているのに、いざ褒められると「いやいや、そんなことないです」と謙遜という名の拒否をしてしまう人がいます。人からの褒め言葉を素直に喜んで受け取らないというのは、誕生日プレゼントをもらったのに「私はそんな大したことしてないので、いりません」と受け取るのを拒否する行為と同じです。

日本文化の中では、謙虚は美徳とされていますから、「人から褒められて喜ぶなんて、はしたない」「褒め言葉を真に受けて喜んだら、いい気になっていると思われる」と心配になるのかもしれません。

しかし、違う視点から見ると、相手が褒めてくれた言葉を遠慮して受け取らないのは、「私はそんな人間ではありません。あなたは間違っています」という行為でもあります。これは、謙虚なふりをして、実はとても傲慢な態度ではないでしょうか。

第3章で「好きを増やす」というお話をしました（96ページ）。相手の好きを見つけるには、自分の器の大きさが必要だとお伝えしましたが、褒めることも同じです。誰かが褒めてくれるのは、その人の器の大きさであり、あなたの中の宝物に気づいてくれるからです。誰かに褒められて喜ぶのは、自分の素敵なところを見つけてくれた、相手への感謝の表現だと考えてみるのはどうでしょう。

あなたなら、「この人はすごいな」「頑張っているな」と思って相手を褒めた時に、「そんなことありません」と言われるのと、「ありがとうございます！」と嬉しそうに喜んでくれるのでは、どちらが幸せな気分になりますか？　それは後者ではないでしょうか。

褒めてくれたことを喜ぶことで、相手を幸せにできるなら、遠慮なく、照れずに、喜びを相手に伝えましょう！

◉相手によって態度を変える

相手の地位によって扱いを変える人は、
道徳的な人間ではない。

アリストテレス

自分よりも上だと思う人には丁寧に接するけれど、下だと思うと横柄に接する、というように、相手によって態度を変える人がいます。あり方のレベル3以下の勝ち負けの世界では、お金、地位、名声、人気、売り上げなどのものさしを使って、人をランク付けしがちです。これは、「競争の世界」に生きていると、自分を守るために無意識にやってしまう行為です。それによって、自分の優位性を感じることができるからです。

この傲慢と否認こそが、あり方のレベルの「プライド」から、その先のレベルに行く時の足枷となります。「類は友を呼ぶ」という言葉の通り、自分の周りには同じような考えの人が集まります。人をランク付けして上下関係でみていると、自分の周りにもそういう人が集まり、自分もそのように扱われます。

あり方のレベルで述べたように、「プライド」では、自分の価値を外からの評価に委ねているので、人からの否定に弱く、傷つきやすく、傷つく恐れから防御的になります。鎧を着ていては、人との良好な関係は作れません。握ったこぶしでは、握手はできません。そこから抜け出すには、第4章で述べたように、まずは自分で自分を愛で満たすことです。自分で自分を満たし、「**この自分でよし**」と承認できると、人の評価に揺れ動かなくなります。

◉貼ったレッテルに縛られる

知っていると思えば進歩はとまる。

ルートヴィヒ・ウィトゲンシュタイン

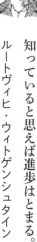

人間は、無意識に相手に対して「この人は気難しい人」「この人は明るい人」などとレッテルを貼ります。そして、一度レッテルを貼ると、何かあるたびに「やっぱりそうだった」と、証拠集めしかしなくなります。なぜなら、快を求め、不快を避ける人間は、「わかった気になる」ことで安心し、その後は、自分が貼ったレッテルが「正しい」と証明しなければならないからです。

例えば、反りが合わない上司がいたとします。同僚に、その上司の愚痴を言っている時に、「そうかなぁ。この間は助けてくれたよ。私にとっては頼りになる上司だけど」と言われたら……。自分の考えが否定されたと思い、「あなたは知らないだけよ」と反論し、この間はこんなことがあった、その前のあんなことがあったと、いかに自分の貼ったレッテルが正しいかを証明しようとするでしょう。

一度レッテルを貼ると、そこしか見えなくなり、相手はあなたの貼ったレッテル通りの人になります。それ以外の部分は見ようとしないのですから当然です。おもしろいですね。反りが合わない上司より、頼りになる上司のほうが仕事はやりやすいはずなのに、自分の貼ったレッテルに縛られて、他の一面を見ようともしない。そして、自分と意見の合わない人は遠ざけ、自分に同意をしてくれる人とだけ関係を作る。そのほうが心地いいからです。でも、こんなことしていると、どんどん独りよがりの世界に閉じこもってしまいます。

「私は知っている、私は正しい」から新しい可能性は生まれません。

「この世界に真実はない、あるのは解釈だけだ」とすれば、そのレッテルは真実ではなく、解釈でしかありません。その人について、知らないことはたくさんあるはずです。違う見方もできるかもしれません。

だとしたら、「私は知っている、私は正しい」をちょっと緩めて、相手のことを「初めて会った知らない人」だと思って、まっさらな気持ちで眺めてみてはどうでしょうか。

「私は知っている、私は正しい」を緩めるのは、「私は間違っていたかもしれない」と考えることですから、とても勇気がいります。だからこそ、この視点をもつことが、あり方のレベルの3の「プライド」を抜けて、4の「勇気」へ私たちを連れて行ってくれます。

そうすることで、「あれ、この人こんないいところがあるんだ。私が貼ったレッテルは思い込みだったかもしれないな」と新たな発見を得て、それが、新しい関係の創作につながっていきます。

自分の解釈が人との関係を作り上げているのですから、人間関係を悪化させる解釈でなく、**力づける解釈を意図的に選んでいきましょう。**

真のドリームキラーは誰だ？

人は過去を思い出すように生きていたわけではない。

ジル・ドゥルーズ

あなたが出会う最悪の敵は
いつもあなた自身であるだろう。

フリードリッヒ・ニーチェ

ドリームキラーという言葉を聞いたことはありますか？　一般的には「そんなの無理だよ」「やめたほうがいい」と言って、夢の実現を邪魔する人のことを意味します。そういう人は、ほとんどの場合、「あなたのために言っているのよ」と言います。

例えば、「起業しよう！」と決断した時、必ず「無理だよ」「やめたほうがいい」「それ、うまくいくの？」と言って止めようとする人がいます。親やパートナーなど、身近な人ほど、あなたのことを心配してドリームキラーになる可能性があります。悪意はまったくなく、よかれと思って。

おもしろいことに、否定的なことを言うのはたいてい「やったことがない人」です。

私は以前、セルビア王室主催の舞踏会に招かれて行ったことがあります。その時、何人かの人から「あんな政情不安な国、危ないからやめたほうがいい」と言われました。しかし、中には「美しくて素晴らしい国だから、ぜひ行って楽しんできて」と言ってくれた方もいました。

私のセルビア行きを反対した人たちは、セルビアに行ったことのない人たちでした。楽しんできて、と言ってくれたのは、行ったことがある人たちでした。

ポジティブな意見を聞くべきだ、という話ではありません。言われたことを鵜呑みにするのでなく、自分で吟味し、誰の意見に耳を傾けるかは、自分で決めることができます。

周囲の人がいくら「無理」と言っても、それを受け取るかどうかを**決めるのは自分自身**です。他人の言葉を吟味もせずに受け取ることは、自分の人生を他人に預けてしまうことになります。

さて、ここで質問です。

あなたに一番影響力のある言葉をもっているのは誰でしたか?

第3章のセルフトークでお話しした通り、あなた自身です。だとしたら、本当のドリームキラーは、他の誰でもなく、自分自身です。

無意識でいると人はマイナスエネルギーになりやすく、マイナスエネルギーだと「どうせ無理」「きっとうまくいかない」など、ネガティブなイメージが浮かび、多くの人は、自分のネガティブなセルフトークを真に受けて、チャレンジをあきらめてしまいます。

このことがわかっていると、相手や周りの言葉に振り回される必要はなくなります。相手が何と言おうと、自分の言葉が自分に一番パワーをもつのですから。

無意識に自分のドリームキラーになるのではなく、自分をセルフエンパワメントして、よい状態に整えればいいのです。そして、自分との関係が、自分をエンパワメントする関係になれば、周りの人にも自然とそれをやるようになります。

人の夢を、無理だ、だめだ、やめたほうがいいと言う人ではなく、人の夢を応援する人になりませんか？　そして、志高い人たちと、**励まし合い、応援し合い、活かし合う関係**を育てていきましょう。

君の人生に制限はない。

ルートヴィヒ・ウィトゲンシュタイン

おわりに

最後までお読みいただき、ありがとうございます。

32人の哲学者の言葉とともに、人間関係を新たな視点で探求する旅はいかがだったでしょうか？

本書でお伝えした哲学思考は、これまでの当たり前を疑い、本質を見る力を育みます。世界のとらえ方が変われば、同じ出来事でも体験が変わります。「これはこういうものだ」という暗黙の思い込みが壊れると、自然とこれまでにない視点で出来事を見るようになり、関係の質が変わります。

〝新しいやり方〟は、一時的で部分的な変化を生み出しますが、〝新しい世界のとらえ方〟は、永続的で包括的な変容につながります。

私がブライダル時代から一貫して取り組んできたのは、新しいパートナーシップ文化の創造です。パートナーシップは家族や恋人の関係だけでなく、仕事やコミュニティー内での関係も含みます。パートナーシップの質は、人生の満足度や幸福感、仕事で作り出す結果や評価にダイレクトにつながることは間違いありません。

自分が輝くことで周りも輝かせる、エンパワメントな関係を周りの人と創ることができたら、どれほど人生は喜びに溢れたものになるでしょうか。周りの人と活かし合いながら、どれほどの結果を生み出すことができるでしょうか。

人生の主役として、エンパワメントな関係を創ることに興味をもってくださったなら、本書でご案内したワークを続けてください。それが関係の質、特にすべての土台となる自分との関係を整えていきます。その結果、大切な人たちとのエンパワメントな関係構築につながり、社会で結果を生み出す力へとつながっていきます。

「競争」の関係から、お互いを活かし合う「共創」の関係へとシフトする人が増えていくことで、日本に愛と喜びと笑顔が溢れ、それが世界をエンパワメントすることになると信じています。

最後に、これまで私を応援し励まし支えてくださったすべての方に、心からの感謝を捧げます。

ありがとうございました。

知が深まれば愛が深まる。

ひぐち まり

どんな時も最高の自分を発揮し、
あり方のステージを上げて、
才能を活かしてあなたが輝くこと
で周りを輝かせる

読者限定
無料

『エンパワメントライフ入門講座』

3つの動画と3つのワークで縦軸の成長に取り組みます。これにより、

☑ 落ち込みにくくなる
☑ 落ち込んでもすぐに回復する
☑ 前向きに行動できるようになる
☑ 楽しい時間が増える
☑ 応援してくれる人が増えた

など、意図的にプラスにフォーカスする習慣を身につけることが可能になり、それによって自分と周りの関係に変化をもたらします。

ダウンロードはQRコードか以下のURLにアクセスしてください。

https://w-empowerment.jp/present

※特典プレゼントは予告なく終了となる場合がございます。あらかじめご了承ください。
図書館等の貸出、古書店での購入では特典プレゼントは出来ません。

生年月日からあなたの思考パターンを導き出し
仕事・人間関係の悩みを解決する

“哲学者占い®”

・あなたの基本的な思考パターン
・人間関係を良好にするヒント
・ステージアップのヒント
・同じ思考タイプの哲学者の名言

など、仕事や人間関係の悩みを解消し人生のステージを上げるためのヒントを得ることができます。

※本特典の提供は、ひぐち まりが実施します。
販売書店、取扱図書館、出版社とは関係ございません。
お問い合わせは https://w-empowerment.jp/ からお願いいたします。

ひぐち・まり

エンパワメントフィロソファー、株式会社ワールドエンパワーメント代表取締役、東京官学支援機構専務理事

大阪府豊中市生まれ。1979年モルガン銀行に勤務。ニューヨークに本部を置くボランティア団体の活動に携わり、第39代アメリカ合衆国大統領ジミーカーターを迎えたレセプションはじめ、かずかずのパーティプロデュースを手がける。

その経験を活かし、1989年ブライダルプロデュース「オリーブの丘」を設立。日本初のウエディングプランナーとなり、23年間で1万組以上の婚礼を手掛ける。ブライダルに新しいスタイルを創造したことでレジェンドと呼ばれる。モナコ王室の主催する「薔薇の舞踏会」をはじめ、モナコ、イタリア等で開催されるチャリティガラパーティーに出席。

その後、自分の幸せ、成功ばかりを追い求める「自己啓発」に限界を感じる中で哲学と出会い、「自分が輝くことで周りを輝かせる」ロールモデルを輩出するため、エンパワメントライフメソッドを開発。青山学院大学等で「エンパワメントライフ」の講義を行う。

現在は、経営者や起業家、組織のリーダーにエンパワメントライフプログラムの提供や会員制哲学サロン「The Power of Philosophy（哲学の力）」を主宰している。

https://w-empowerment.jp/

「人間関係《にんげんかんけい》×哲学思考《てつがくしこう》」頭《あたま》のモヤモヤを、32人《にん》の哲学者《てつがくしゃ》が答《こた》えていく

2024年12月18日　初版発行

著者　ひぐち　まり
発行者　和田智明
発行所　株式会社　ぱる出版

〒160-0011　東京都新宿区若葉1-9-16
03(3353)2835―代表
03(3353)2826―FAX
印刷・製本　中央精版印刷(株)
本書籍に関するお問い合わせ、ご連絡は下記にて承ります。
https://www.pal-pub.jp/contact

ISBN978-4-8272-1448-2 C0034